관계와 경계

이 저서는 2019년 대한민국 교육부와 한국연구재단의
지원을 받아 수행된 연구이다.(NRF-2019S1A5A2A03047987)

인간-동물 연구 네트워크
Research Network for Human-Animal Studies

인간-동물 연구 네트워크
https://sites.google.com/view/has-network

관계와 경계: 코로나 시대의 인간과 동물

초판 1쇄 발행 2021년 1월 28일
초판 2쇄 발행 2021년 12월 20일

엮은곳 인간-동물 연구 네트워크
지은이 이동신, 김정미, 권헌익, 김산하, 최태규, 조윤주, 천명선,
이형주, 이항, 황주선, 김기흥, 박효민, 박선영, 이인식, 주윤정

펴낸곳 포도밭출판사
펴낸이 최진규
등록 2014년 1월 15일 제2014-000001호
주소 충청북도 옥천군 옥천읍 성신로 16, 필성주택 202호
전화 070-7590-6708
팩스 0303-3445-5184
전자우편 podobatpub@gmail.com
웹사이트 podobat.co.kr

ISBN 979-11-88501-15-1 03300

관계와 경계

코로나 시대의 인간과 동물

인간-동물 연구 네트워크 엮음

포도밭

차례

3 부 질 병

인간-동물의 질병에 대한 원헬스적 접근

4 부 관 계

인간-동물 관계의 미래

서론

국내에서 첫 코로나19 확진자가 나온 것이 2020년 1월이었다는 사실을 떠올리면 그간 일어난 일들이 꿈만 같다. 불과 1년 만에 그전에 익숙했던 현실들이 아련한 기억이나 막연한 갈망이 되고, 새롭게 등장한 현실들이 항상 그래 왔던 것처럼 익숙하게 느껴진다. 야구장을 꽉 채웠던 시끌벅적한 팬들의 모습을 기억하지만, 이제는 텔레비전 중계 중에 띄엄띄엄 앉은 사람들이 잡히는 화면만 봐도 저래도 괜찮은 걸까 마음을 졸이게 된다. 강의실에서 학생들과 마주보며 대화하던 때가 얼마 전인데, 이제는 복도에서 마스크를 쓰고 마주쳐도 말을 걸기가 조심스럽다. 현 상황에 대한 반성보다 이를 통해 이득을 보려는 성급한 생각만 앞선 듯해 '뉴노멀'이라는 표현을 좋아하지 않는다. 그럼에도 불구하고 이 말을 받아들일 수밖에 없는 현실이다. '노멀'로 알았던 현실이 계속 기억에 맴돌며 머리를 어지럽게 해도 어쩔 수 없다.

코로나19가 어지럽힌 현실감각으로 깨닫는 것 중에

하나는 익숙하고 안정적이게 보였던 현실이 사실은 그렇지 않았다는 점이다. 현실을 그렇게 보이게 했던 많은 것들이, 우리의 삶을 안전하고 안정되게 유지해 줄 것만 같던 것들이 실제로 그렇지 않았다. 도나 해러웨이Donna Haraway는 "면역체계는 정상인 것과 병적인 것으로 구성된 중요한 영역에서 자아와 타자를 구분하는 경계들을 구성하고 유지하기 위한 유의미한 행동 계획"이라고 말한다. 코로나19는 감염자와 건강한 사람이라는 경계 사이에 무증상 확진자와 잠재적 확진자를 포진시킴으로써 기존의 질병체계 혹은 면역체계에 큰 혼란을 가져오고 있다. 물론 다른 감염병도 유사한 혼란을 야기하지만 적어도 전 세계를 휩쓴 스페인 독감 이후, 혹은 해러웨이가 주목하는 생명의학이 급속도로 발전한 1980년대 이후 이처럼 광범위하고 강력하게 체계 자체를 흔든 경우는 없었다. 안정화된 면역체계에 익숙해 "정상인 것과 병적인 것", 더 나아가 "자아와 타자"의 경계를 당연하게 받아들였기에 코로나로 인한 갑작스런 변화에 혼란스러울 수밖에 없다. 인위적으로 만들어진 경계와 체계를 마치 불변하는 사실인 양 여기고 살다가 갑자기 드러난 현실을 현실이 아닌 듯 느끼는 것이다.

어쩌면 이 모든 것에 대한 불안감과 안전에 대한 집착은 자연스러운 반응일 수도 있다. 이제 자연스러운 다음 단계는 불안감이 가까운 상대에 대한 적대감으로, 집착은 몇몇 특성들의 우상화로 변하는 것이다. 중국에 대한 혐오주의가 아시아인에 대한 혐오주의로 확장되거나 특정 국가나 집단에 대한 음모이론으로 변모하고 있다는 이야기를 뉴스나 소셜미디어에서 어렵지 않게 찾아볼 수 있다. 코로나19가 지속될수록 우리나라뿐만 아니라 세계 곳곳에서 발생하는 이러한 폐해들이 점점 가속화될 것은 자명해 보인다. 이렇게 암울한 상상을 하다 보면 스스로 질문하게 된다. 내가 미래를 지나치게 걱정하는 것일까? 우리 자신을 너무 성급하게 비관하는 건 아닐까? 하지만 인류, 적어도 특정집단의 인간들을 위협한 재난이 코로나가 처음이 아니듯이, 역사는 이러한 걱정과 비관이 결코 과하지 않음을 증명해 왔다. 갖가지 혐오주의와 우월주의를 내세우며 차별과 폭력을 일삼은 일들이 비일비재했음은 그 누구도 부정하기 힘들 것이다. 하지만 다행인 것은 그러한 역사들을 반성하고 비판하면서 혐오주의와 우월주의를 하나하나 무너뜨리려는 노력 또한 끊이지 않았다는 점이다. 비록 완전히 만족스러운 결실이라고 하기에는 아직 이르지만, 이전의 백인우월주의, 여성혐오주의, 동성애자혐오주의, 장애인 혐오 등은 20세기를 기점으로 꾸준히 비판을 받으며 그 세력이 약화되어 왔다.

인간중심주의라는 가장 뿌리 깊은 차별과 폭력의 역사의 흐름을 돌리고자 하는 인간-동물 관계 연구는 이와 같은 노력의 자연스러운 전개이면서도 가장 힘겨운 도전이기도 하다. 피터 싱어Peter Singer의 『동물해방*Animal Liberation: A New Ethics for Our Treatment of Animals*』(1975)으로 대표되는 동물권 운동은 이전의 다양하지만 소규모로 이루어지던 유사한 흐름을 한데 모으는 구심점의 역할을 하면서 인간-동물 관계 연구의 본격적인 시작을 알렸다. 20세기 후반 생명과학과 공학의 급격한 발전도 인간과 동물의 생물학적 경계를 흔들면서 인간-동물 관계 연구를 촉발시켰다. 한편 생명공학과 더불어 사이버네틱스, 컴퓨터공학, 로봇학 등의 발달은 인간 정체성 자체에 대한 재논의를 가능하게 했고, N. 캐서린 헤일스N. Katherine Hayles는 『우리는 어떻게 포스트휴먼이 되었는가*How We Became Posthuman: Virtual Bodies in Cybernetics, Literature, and Informatics*』(1999)를 통해 포스트휴머니즘의 시작을 알렸다. 이후 포스트휴머니즘은 과학기술뿐만 아니라 비인간동물과의 관계가 인간 정체성 형성에 결정적 역할을 한다는 입장에서 캐리 울프Cary Wolfe의 『동물 의식: 미국문화, 종 담론, 포스트휴머니즘 이론*Animal Rites: American Culture, the Discourse of Species, and Posthumanist Theory*』(2003) 등을 통해 인간-동물 관계 연구를 확장시켰다. 21세기 들어 지구온난화를 비롯한 환경문제로 관심이 높아지고 있는 인류세 논의는 이처럼 다방면에서 진행되어 온 인간-동물 관계 연구를 더욱더 필연적인 것으로 만들었다. 하지만 필연적이라고 해서 인간-동물 관계 연구가 쉽게 공감대를 형성한다는 의미는 아니다. 오히려 인류에게 가장 익숙했던 현실을 바꾸라고 요구하는 것이 연구의 궁극적인 지향점이기에 훨씬 더 큰 어려움이 있다. 만일 코로나19가 정말로 이전과 다른 '뉴노멀' 시대를 가져온다면, 그 안엔 아마도 인간중심주의적인 현실과 다른 현실을 만들라는 어려운 요구가 담겨 있을 것이다. 이러한 요구의 폭과 깊이를 진정으로 가늠하는 첫걸음은 바로 인간-동물 관계 연구에서 시작한다.

이 책에 실린 15편의 글들은 인류학, 사회학, 수의학,

영문학 분야의 연구자뿐만 아니라 동물권 단체, 지역공동체, 동물원과 생태공원 등의 현장에서 일하는 활동가에 이르기까지 다양한 배경과 영역을 가진 필자들의 이야기다. 코로나 시대의 반려동물은 물론 동물원 동물, 야생동물과의 관계를 다루는 이야기부터, 가축과 인공육 그리고 해상양식 동물 등에 대한 이야기, 인수공통감염병과 질병관리와 동물 관련법에 대한 이야기, 인간-동물 관계에 대한 철학적 혹은 사회학적 고민이 담긴 이야기까지 책에 담긴 이야기들은 필자들의 배경만큼이나 다채롭다. 그렇지만 모든 이야기들은 인간중심주의로 점철된 인간-동물 관계에 변화가 필요하다는 인식을 공유한다. 또 코로나로 현실이 변화하는 이 시기에 인간-동물 관계를 고민하는 것이 더욱 시급한 일이 되고 있다는 절박함을 공유한다. 인간-동물 관계에 대한 논의가 직접적으로 동물을 접하는 영역에서만 이루어져서는 안 되기에, 인간중심주의는 인간의 모든 활동에 깊숙이 자리 잡고 있기에, 학제간 연구뿐만 아니라 학계와 현장의 교류가 지속되어야 한다는 책임감을 공유하고 있기도 하다.

이 글들은 '인간-동물 연구 네트워크'의 주관으로 2020년 6월 26일에서 7월 17일까지 매주 하루씩 총 4회 열린 웨비나 시리즈, "관계와 경계: 포스트 코로나 시대의 인간과 동물"에서 발표한 글들을 출판을 위해 수정하고 보완한 것이다. 각각 "팬데믹 상황에서 동물의 취약성", "인간과 동물의 '적절한 거리'", "포스트 코로나 인간-동물 관계: 질병과 산업을 중심으로", "포스트 코로나 인간-동물 관계: 생태정치와 실천"이라는 주제 아래 다양한 분야와 영역에서 인간-동물 관계를 고민하는 총 17명의 발표자들이 코로나 시대의 인간-동물 관계를 되짚어 보고 토론하는 시간을 가졌다. 나름대로 각자의 분야에서 연구하고 고민하던 것들을 함께 나눔으로써 모르던 것을 배우고, 알던 것을 다르게 보는 방법을 찾는 계기가 되었다. 인간-동물 관계의 변화가 시급하고, 모두에게 이를 알리고 이행해야 할 책임이 있음을 알기에 발표자들의 논의는 나무뿌리처럼 이어지고 나무줄기처럼 방향성을 찾아갔다. 어쩌면 이 책은 그 첫 열매라고 할 수 있겠다.

웨비나에는 발표자뿐만 아니라 매주 70여 명이 넘는 청중이 참여했다. 방학 중인데다 코로나19로 인해 적극적으로 홍보가 되지 못했음에도 매번 적지 않은 사람들이 발표를 듣고 질문을 던지는 모습은 인간-동물 관계 연구의 영역이 연구자나 현장 실무자에 국한될 수 없음을 알게 했다. 각 분야의 발표자들이 제시하는 인간-동물 관계의 개념과 변화의 청사진으로는 다 담아낼 수 없는 다양한 관점과 고민이 청중들에게 있었을 것이다. 제한된 시간과 비대면이라는 제약으로 일일이 그러한 관점과 고민을 확인하지 못한 것이 아쉽다. 하지만 적어도 웨비나 시리즈를 진행하며 연구의 깊이만큼이나 소통과 확장이 중요하다는 사실을 깨닫게 되었다. 웨비나를 개최하는 것에서 그치지 않고 논의한 내용을 더 많은 독자들에게 알리고자 단행본을 출간하는 이유도 바로 여기 있다.

웨비나 시리즈와 단행본을 준비하고 성공적으로 마무리할 수 있었던 것은 모두 인간-동물 연구 네트워크 구성원들의 노력 덕분이다. 인간-동물 연구 네트워크는 2018년 "인간-동물 관계의 전환: 신사물론적 경계 허물기"라는 주제의 서울대학교 교내지원사업으로 출발했다가, 2019년 "위계에서 얽힘으로: 포스트휴먼시대의 인간-동물 관계"라는 제목의 교육부 인문사회기초연구사업으로 선정되어 현재까지 활동을 잇고 있는 연구팀이다. 인간-동물 연구 네트워크는 포스트휴먼 시대에 등장한 생명과 생태에 대한 새로운 인식을 바탕으로 인간-자연, 인간-동물의 이분법적이고 위계적인 관계와 규범을 넘어 '공존'과 '얽힘'의 가능성을 모색하고자 한다. 본 연구팀은 인문학(문학), 사회과학(사회학, 인류학), 자연과학(수의학, 생태학, 행동학) 연구자들로 구성된 융합연구 네트워크이다. 이곳에서는 인간-동물 관계가 위계적으로 구성되어 있는 것을 비판하며, 관계 속에 존재하는 다층적인 '얽힘'을 드러내려 한다. 포스트휴먼 시대 인간-동물 관계를 재구조화하기 위해 근거자료를 구축(동물인격, 동물인구, 동물인식)하고, 인간-동물 상호작용 과정을 분석하며, 생태정치 및 생태미학 사례를 조사하는 것 또한 목표로 삼고 있다. 이제 연구팀의 또 하나의 성과인 단행본 출간에 앞서 연구책임자로서 웨비나 시리즈 진행과 출간을 가능하게 해 준 구성원 분들에게 감사하다는 말씀을 드리고 싶다. 무엇보다도 행사 준비에서 회의 녹취에 이르기까지 갖은 궂은일을 도맡아 주신 김호경, 권시정, 주설아, 황호정 연구원께 특별히 감사드린다.

이동신

1부 사이

인간-동물 경계에 대한 새로운 서사

¶

표준국어대사전에 보면, '사이'란 말에는 '한 곳에서 다른 곳까지, 또는 한 물체에서 다른 물체까지의 거리'라는 뜻과 '서로 맺은 관계, 또는 사귀는 정분'이라는 뜻이 함께 있다. 물리적 거리와 사회적이고 심리적인 관계를 모두 뜻하는 말인 것이다. 보통은 멀고 가깝다는 말로 두 가지를 모두 판단하지만, 현실에서 둘이 꼭 일치하지는 않는다. 내가 속한 공동체와 물리적 거리가 멀다고 꼭 관계도 멀라는 법은 없고, 마음이 가지 말란 법도 없다. 반면에 물리적 거리가 가깝다고 꼭 '우리' 안에 속하란 법은 없고, 관심을 두지 말란 법도 없다. 결과적으로 '사이'는 나와 타자 간의 복잡하고도 역동적인 상황을 가리키는 말이 된다.

사회적 거리두기가 심리적 거리두기로 이어져서는 안 된다는 말을 종종 듣는 지금 이 순간은 바로 위와 같은 상황을 떠올리게 한다. 하지만 주로 사람과 사람 사이를 염두에 두고 하는 말이기에, 여기엔 빈틈이 많다. '사회'라는 말이 암묵적으로 인간 사회만을 전제할 때 사람들 사이에 있는 동물들 및 사람과 멀리 떨어진 동물들끼리의 사이는 틈새에 남겨지게 되는 것이다. 물론 이런 식으로 동물을 관심 밖으로 밀어내는 일이 처음은 아니다. 이따금 동물들을 이 틈에서 끄집어내 반려동물이나 멸종동물 혹은 가축이나 유해동물이란 이름으로 자리를 마련해 주지만, 여전히 수많은 동물들은 틈새에 남겨져 있다. 사실 따지고 보면 이렇게 인간들 사이에 마련된 자리가 동물들에게 맞는지도 의문이다.

그렇지만 코로나19로 거리가 중요해진 이 순간은 사람들끼리의 사이뿐만 아니라, 사람과 동물, 그리고 동물과 동물 사이를 새롭게 쓰는 계기가 될 수 있다. 사이의 복잡하고 역동적인 모습을 인간중심적인 시각에서 벗어나 바라볼 기회인 셈이다. 박쥐나 천산갑으로 전파된 인수공통감염병이라는 말로 코로나19를 규정하며 특정 동물을 유해하다고 단정하기보다는, 이 말의 틈새를 들여다보며 인간의 식습관이나 개발 욕구로 인해 뒤틀린 인간과 동물의 사이를 얘기할 때다. 인적이 뜸해진 거리에 나타난 동물을 야생동물이라고 부르며 신기해하기보다는, 이런 말로 동물과의 사이를 짐작하는 것이 얼마나 잘못된 것인지 얘기할 때다. 그리고 사람들 사이를 고민하고 조정하는 것만큼, 동물들끼리의 사이가 그들에게 얼마나 소중한지를 얘기할 때다.

코로나 시대의 인간-동물 관계를 고민하고 논의해 보고자 열린 웨비나 시리즈 "관계와 경계"에 발표된 글에서 '사이'를 얘기하는 네 편을 모아 이 책의 1부를 구성했다. 이동신의 「차이에서 사이로: 인간-동물 관계와 거리두기」는 포스트 코로나의 '포스트'라는 단어를 문제 삼으며, 섣

부르게 미래로 나가기보다 현재의 인간-동물 관계를 ‘차이’가 아닌 ‘사이’라는 관점으로 다시 써 나갈 필요가 있음을 강조한다. 김정미의 「근거리 입양: 파랑새 ‘짹이’ 이야기」는 파랑새와 우연히 같이 살게 된 경험을 통해 야생의 거리와 공존의 사이를 고민하면서 입양이라는 말로 이 섬세하고 조심스러운 관계를 풀어 나가고 있다. 김정미가 입양으로 좁혀진 거리로 야생동물과의 사이를 지우지 않으려 했다면, 권헌익의 「원거리 입양: 코끼리 ‘마야’ 이야기」는 입양을 머나먼 거리를 두고도 동물과의 친밀한 사이를 만들어 가는 방식으로 제안한다. 제한적이고 고정된 친족 개념의 입양과 다른 유동적이면서 때로는 개방적인 입양 관습과 개념을 부족사회에서 찾은 권헌익은 동물과도 유사한 입양 관계가 가능함을 얘기한다. 마지막으로 김산하는 「야생의 거리와 공존의 생태계」에서 인간과 동물 사이를 고민하기 전에 자연상태에 있는 동물들 사이를 들여다봐야 한다고 주장한다. 이들 사이에서 확인되는 물리적이고 생태적인 거리두기를 되살리기 위해 ‘활생’이 중요함을 강조하면서 김산하의 글은 끝을 맺는다. 네 편의 글이 전하는 인간-동물 ‘사이’에 대한 서사는 코로나 시대에 인간-동물 관계를 고민하는 이들에게 흥미로운 말머리가 될 것이다.

차이에서 사이로

인간-동물 관계와 거리두기

이동신

마지막 비행기인 에어그라디아의 항공기가 착륙하고 있었다. 하지만 클라크가 지켜보는 동안 비행기는 활주로에서 천천히 방향을 돌리며 터미널을 향하지 않고 멀어져 갔다. 한참 거리가 떨어진 곳에 멈춰 섰지만 지상 근무원 누구도 다가가지 않았다…… 그 순간 클라크는 에어그라디아 항공기가 터미널에서 가능한 가장 먼 곳으로 간 것임을 깨달았다…… 사람들은 전염병의 범위를 이해할 수는 있었지만, 그게 무슨 의미인지는 이해할 수가 없었다. 클라크는 터미널의 멕시코 식당 유리에 기대서서 저 멀리 떨어진 에어그라디아 항공기의 고요함을 바라보았다. 그리고 나중에 그는 깨달았다. 비행기가 왜 그곳에 홀로 있는지 당시에 이해하지 못했다면, 그건 그 자신이 이유를 알고 싶지 않아서였다는 것을.(236)

전염병으로 현대사회가 붕괴된 포스트 아포칼립스 세상을 그린 에밀리 세인트존 맨델Emily St. John Mandel의 소설 『스테이션 일레븐*Station Eleven*』은 섬뜩하게도 현재의 코로나19 상황과 많은 부분이 겹친다. 어떤 독자가 작가에게 편지를 보내 지금 이 소설을 접하게 된 것을 후회한다는 말로 그 섬뜩함을 표현했을 정도다. 소설에서 전염병이 막 퍼지기 시작한 순간을 그린 위의 장면은 너무나 현실적이면서도 상징적이다. 클라크는 이후에 다른 생존자들과 함께 공항 터미널에서 살면서 나름대로 일종의 부족사회를 재건한다. 하지만 수십 년이 지난 후에도 에어그라디아는 계속해서 활주로에 서 있다. 없어지지도 않고 누군가 문을 열 수도 없는 상태로, 마치 아서 클라크Arthur C. Clarke의 『2001 스페이스 오디세이*2001: A Space Odyssey*』에 나오는 거석처럼 말없이 시선을 사로잡으면서, 그 어떤 생각에도 사로잡히지 않으면서 말이다. 하지만 사실 비행기가 거석처럼 신비한 경이의 대상이라서 그런 것은 아니다. 클라크가 고백하듯이 사람들은 생각할 수 없는 게 아니라 생각하고 싶지 않은 것이고, 그럼에도 바라보는 이유는 그것이 무언가 초월적인 숭고의 대상이어서가 아니라 너무도 처참한 현실을 시선으로 밀어내고 싶어서다. 비명과 울음이 가득한 에어그라디아의 내부를 그 고요한 외부를 보면서 잊고자 하는 것이다.

위의 장면에서 클라크의 행동은 의도적 무지willful ignorance 내지 의도적 무시wilful blindness라는 말로 표현할 수 있을 것이다. 심리학 혹은 법학 용어인 이 말은 심리적이거나 법적인 책임을 피하기 위해 의도적으로 문제가 될 만한 사실을 인지하지 않는 행동을 의미한다. 하지만 위 작품에서 의도적 무지는 개인적인 차원을 넘어서는 함의를 지닌다. 공항 터미널에서 클라크와 함께 비행기를 지켜본 이들의 의도적 무지는 바로 차이의 시작으로 작동하기 때문이다. 그것은 죽음과 삶의 차이, 과거와 미래의 차이다. 전염병으로 세계가 붕괴해도 살아남아 미래의 포스트 아포칼립스 세상을 살아갈 거라 기대하는 우리는 비행기 안에서 아포칼립스 이전 세계에 갇혀 죽음을 맞이할 그들과 다르다. 우리는 전염병과 다른 존재고, 그들은 전염병과 같은 존재다. 우리는 생존을 선택했고, 그들은 죽음을 선택했다. 우리가 살아야만 하기에, 그들이 죽어 가도록 놔두어야 한다. 차이는 우리가 어떤 존재인지를 알게 해 주고, 우리가 하는 일에 정당성을 부여한다. 생명정치 이론이 일깨워 왔듯이 우리가 살아 있음이 바로 죽은(죽을) 이에 대한 우리의 권리를 보장한다. 위의 장면에서 소설이 일깨우는 것은 바로 그 차이가, 우리의 권리가 의도적 무지에서 나온다는 점이다. 비행기 안의 사람들이 우리와 같이 살아 있는 존재라는 사실, 그 중 누군가는 살아남았을 수도 있다는 사실, 우리가 그들을 죽게 내버려두었다는 사실, 그리고 무엇보다도 그들이 우리를 위해서 죽음을 선택했다는 사실을 잊어야만 한다. 그들과 우리의 차이는 사실 그다지 크지 않다는 것을 모른 척해야만 한다. 비행기가 활주로 저 멀리라 해도 걸어갈 수 있는 거리에 있다는 사실과, 보이지 않고 들리지 않아서 정확히 모른다고 해도 비행기 안을 상상하는 것이 그다지 어렵지 않다는 사실을 거부해야 하는 것이다.

코로나19가 종식되기도 전에 포스트 코로나를 스스럼없이 상상하고 논의하는 우리 자신에게도 의도적 무지를 범하고 있지는 않은지 물어야 하지 않을까? 코로나 이전 시대와 코로나 이후의 차이를 서둘러 얘기하면서 눈앞에서 일어나고 있는 무언가를 외면하고 있는 건 아닐까? 범위를 좁혀 포스트 코로나 시대의 인간-동물 관계를 고민하면서도 같은 질문이 머릿속을 맴돈다. 사실 코로나를 겪었다고 해서 인간이 얼마나 달라질지는 의문이다. 따지고 보면 동물도 그다지 달라지지 않을 것이다. 변하지 않는 인간과 동물을 두고 포스트 코로나의 인간-동물 관계는 과연 얼마나 '포스트'일까? 물론 '포스트'라는 말에는 항상 이런 의심이 따라다녔다. 한편에서는 '포스트'라는 말이 정확한 이유도 없이 현시대의 종식을 요구한다고, 혹은 아무런 근거도 없이 새로운 시대가 왔다고 공언한다고 비난하며 이 말에 숨겨진 정치적 의도를 의심한다. 다른 한편에서는 언제부터 '포스트'의 시대가 시작됐는지, 그리고 그렇게 시작됐다고 이전 시대가 정말로 모두 사라진 것인지 의문을 제기하곤 한다. 20세기 후반에 등장한 포스트휴머니즘을 둘러싸고도 비슷한 논쟁을 찾아볼 수 있다. 이제는 엑스 휴먼이나 트랜스휴먼으로 더 많이 불리지만, 여전히 포스트휴먼은 테크놀로지를 통해 급진적 개선을 성취한 새로운 인간을 의미하기도 한다. 이를 옹호하는 사람들은 차이를 강조한다. 이들은 마치 상상의 극단을 실험하는 듯, 더 이상 신체적 제약을 받지 않는 존재, 무한한 기억과 지능을 가진 존재, 그리고 영생을 실현할 수 있는 존재를 얘기한다. 하지만 포스트휴머니즘을 좀 더 비판적이고 본격적으로 논의한 N. 캐서린 헤일스나 캐리 울프 등에게 무엇보다 배울 점이 있다면, 바로 그러한 차이가 실은 차이가 아니었다는 것이다. 인간의 우월성을 노리는 이들에게 포스트휴먼은 짧게는 계몽주의, 길게는 서구문명에서 시작한 자유주의적 휴머니즘liberal humanism과 인간중심주의anthropocentrism 전통을 계승하여 확장하려는 시도일 뿐이다. 결과적으로 인간과 동물을 포함한 비인간 존재와의 차별적 관계를 그대로, 심지어는 더욱 공고히 다지는 것이기에 휴먼과 포스트휴먼은 큰 차이가 없는 것이다. SF 장르의 사명은 "미래를 상상하지 못하는 우리의 무능력을 보여 주고 극화하는 것"이라는 프레드릭 제임슨Fredric Jameson의 진단이 들어맞는 상황이다(288). 제임슨은 이른바 상상력의 대표 장르라 알려진 이 장르에서, 마르쿠제의 "유토피아적 상상력" 혹은 "타자성과 급진적 차이에 대한 상상"은 실제로 "알 수 없는 것을 내세우면서도, 너무도 익숙한 것에 헤어날 수 없을 정도로 빠져 있음을 생각하게 하는 도구이며, 따라서 의도치 않게 우리 자신의 절대적 한계에 대한 사유로 변모한다"고 설명한다(288~289). 포스트휴먼의 '포스트'가 차이가 아니라 차이를 상상하지 못하는 인간중심주의의 한계를 보여 주는 것처럼, 어쩌면 포스트 코로나의 '포스트'도 미래의 차이를 상상한다는 미명 아래 의도적 무지를 행사하는 우리 자신을 보여 주는 게 아닐까?

그렇다면 '포스트'를 경계하면서 포스트 코로나를 논의할 수는 없을까? 미래를 정당화하기 위해 차이를 상상하는 대신 현재를 변화시키기 위해 현실을 상상할 수는 없을까? '포스트'에 대한 깊은 고민을 해 온 포스트휴머니즘 논의로 다시 돌아가 답을 찾아보자. 울프는 『포스트휴머니즘이란 무엇인가?*What Is Posthumanism?*』에서 니클라스 루만Niklas Luhman의 시스템 이론을 바탕으로 "닫힘에서 열림openness from closure"이라는 기본 원칙을 제시한다. 이는 "자기지시self-reference"와 "자기생산적autopoietic" 현상을 신중하게 고려하는 일이 유아론으로 이어지는 것이 아니라, 정반대로 시스템과 환경의 접촉을 증가시킨다는 의미다. 울프는 이 과정에서 "다른 시스템을 위한 환경적 복잡성이 더 양산되며, 결과적으로 다른 변화하는 환경과 공진하기 위해 다른 체계들이 변화하고 발전하도록 자극한다"고 말한다(117). 울프의 말을 좀 더 풀어서 설명하자면, 자기생산적 시스템, 즉 기본적으로 인간을 포함한 생명체는 외부 자극을 내부적으로 시스템 운영에 필요한 신호로 변환 가능한 것과 그렇지 않은 것으로 구분distinction하며 시스템을 닫힌 상태로 유지한다. 하지만 울프가 주목하는 것은 이 과정에서 남겨진 외부 자극들, 구분으로 갈라지고 복잡해진 환경이다. 물론 시스템이 유지되기 위해서는 계속해서 이렇게 복잡해진 환경에 접촉할 수밖에 없다. 시스템은 닫힌 상태로 남아 있지 않고 계속 다시 열려 있으면서 시스템과 환경의 복잡성을 증가시키는 것이다. 인간-동물 관계의 관점에서 포스트휴머니즘을 개진하는 울프에게 휴머니즘의 문제는 인간을 닫힌 시스템으로 간주함으로써 동물을 비롯한 환경과의 차이를 당연시하고 결국 그 차이를 유지하는 행위를 정당화한다는 점이다. 실제로 인간은 결코 닫힌 시스템이 아니며, 인간으로서의 차이를 유지하려면 동물이라는 환경이 필요할 수밖에 없음에도 말이다.

차이는 어쩌면 자기보존을 목표로 하는 자의적인 행위일지도 모른다. '포스트'라는 단어가 이전과 이후를 나눈다고 강조하며 차이에 주목하는 시선 뒤에는 변하지 않는 자신이 남겨져 있는 것이다. 반면 울프가 말하는 포스트휴머니즘의 '포스트'는 지금 현재를 가리킨다. 차이가 가리키는 것보다 훨씬 복잡하고 많은 접촉이 일어나는 현실을 일깨우는 셈이다. 여기 내포된 것은 휴머니즘이 언제나 사실 포스트휴머니즘이었다는 의미다. 헤일스가 "우리는 어떻게 포스트휴먼이 되었는가"라는 과거형으로 포스트휴머니즘의 논의를 시작한 것도 같은 맥락이다. 마찬가지로 포스트코로나의 '포스트'도 현재와 다른 미래가 아닌, '의도적 무지'로 숨겨졌던 현실을 드러내는 계기가 될 수 있다. 차이를 상상하는 데만 집중하지 않으면 말이다. 앞서 소개한 맨델의 소설은 미래 대신 알고 싶지 않은 현실을 상상하라고 요구하는 듯하다. 하지만 한편으로는 인간-동물 관계에 있어서 그러한 요구를 쉽사리 받아들여서는 안 된다는 코라 다이아몬드Cora Diamond의 경고를 기억할 필요가 있다. J. M. 쿳시J. M. Coetzee의 소설 『엘리자베스 코스텔로*Elizabeth Costello*』의 주인공 엘리자베스는 미국의 철학자 토머스 네이글Thomas Nagle이 우리는 박쥐의 감각 경험을 알 수 없다고 했던 유명한 박쥐 논의에 반박하면서, 자신은 동물이 되는 것을 상상할 수 있고 그래서 동물의 고통을 느낄 수 있기에 동물

윤리를 주장한다고 말한다. 다이아몬드는 이 장면에 주목하며 엘리자베스의 논의를 "도덕적 이슈의 논의로의 굴절deflection"이라고 지적한다. 여기서 몸은 그저 그러한 논의를 위한 "단순한 사실들"로 전락한다고 비판하면서, 다이아몬드는 "현실의 어려움을 인식하는appreciate 데 있어서 몸(자신의 몸 혹은 상상된 타인의 몸)에 거주하는 식으로 '굴절'되지 않는 것이 어떤 것인지 생각해 보라고" 주문한다(59). 차이를 상상하는 것만큼이나 동질성을 상상하는 일에도 의도적 무지 혹은 굴절의 위험이 도사리고 있다는 뜻이다.

차이를 상상하는 것과 동질성을 상상하는 것 모두가 위험하다는 말은 모순적으로 들릴 수 있다. 하지만 현실을 상상하는 일은, 정확히 말하자면 현실은, 그러한 이분법적 구조로 환원될 수 없다. 비행기와 거리를 두는 것과 비행기 안으로 들어가는 것이 클라크의 유일한 선택지가 아닌 것처럼, 둘 사이에는 무언가가 있다. 소설로 돌아가 보면 그 사이엔 무엇보다도 비행기가 있다. 하지만 이 비행기는 비행기가 아니다. 더 이상 날지 않는 쓸모없는 고철덩어리이면서, 비행기 안에 있는 전염병을 막아 주는 보호막이다. 세계 곳곳으로 다닐 수 있던 과거를 떠올리게 하는 기념물이면서, 자기희생의 인간애를 확인시키는 상징물이기도 하다. 신사물론의 한 조류인 '객체 지향 존재론Objective Oriented Ontology, OOO'을 정립한 그레이엄 하먼Graham Harman은 이런 생각들을 "아래로 환원하기undermining"과 "위로 환원하기overmining"의 결과라고 할 것이다. 즉 비행기를 비행기라고 결정하는determine 것이 불가능해지는 순간, 비행기라는 사물의 다채로운 가능성이 드러나는 것이다. 하먼은 그러한 가능성들이 인간의 해석에서 나오는 것이 아니라 사물 자체에서 나온다고 말한다. 하이데거의 "도구 분석tool analysis"을 확장하면서, 하먼은 숨겨진 사물 존재에서 사물의 다양한 도구성이 나온다고 역설한다. 그에 따르면 "도구의 세상은 보이지 않는 영역이며, 이로부터 우주의 가시적 구조가 등장한다"(24). 하먼의 신사물론적 존재론을 받아들이지 않는다고 해도, 사물의 다양한 가능성에 대한 그의 설명은 충분히 고려해 볼 만하다. 사이에는 사물들이 가득하고, 사물들은 그 다양한 가능성으로 관계를 변화시킬 수 있다. 차이는 그런 가능성의 하나일 뿐이고, 거리는 관계를 설명하는 하나의 방식일 뿐이다. 인간-동물 관계는 인간과 동물의 차이가 아니라 사이로 만들어진다.

인간-동물 관계 논의를 차이에서 사이로 옮기는 일은 간단한 질문에서 시작한다. 인간과 동물 사이에는 무엇이 있을까? 쉬운 질문 같지만 그렇지는 않다. 인간은, 어쩌면 모든 생명체는 내가 감지할 수 있고 나와 관계있는 것들만을, 내게 이해되는 방식으로 보기 때문이다. 보이는 것들은 이미 특정한 방식으로 '구분'된 채 보이며, 보이지 않는 것들은 마치 없는 듯 여겨진다. 물론 '이전과 다르게 보기'는 인문학뿐만 아니라 모든 학문에서 끊임없이 시도해 온 일이다. 하지만 많은 경우 그러한 시도는 차이가 나는, 혹은 난다고 생각하는 대상에 집중되곤 했다. 동물윤리 논의가 동물을 다르게 보는 데 집중하면서도 동물이 인간과 같은지 혹은 다른지를 고민해 온 것처럼 말이다. 그런 고민 역시 중요함을 인정하지만 이제는 인간과 동물 사이를 고민해 볼 때라고 말하고 싶다. 사이에 있는 것들을 다시 보거나 새로이 찾아보며 그것에 숨겨진 가능성을 드러낼 시기라고 말이다. 사실 인간-동물 관계에서 사이를 고민하는 일의 중요성은 익히 알려져 있다. 예를 들어 '옐로스톤 늑대 프로젝트Yellowstone Wolf Project'는 늑대를 인간과의 일대일 관계에서만 보고 위험 동물이라 판단하여 말살시켰던 행동이 옐로스톤 국립공원 생태계의 균형, 즉 늑대와 인간 사이에 있는 수많은 생명체들의 관계망을 무너뜨렸음을 깨닫는 데서 시작한다. 다른 예로, 영장류학자인 프란스 드 발Frans de Waal은 유인원과 인간 어린아이의 인지능력을 비교하는 연구방식 자체에 담긴 문제를 지적한다. 드 발에 의하면 이 비교가 동등한 비교가 될 수 없는 가장 큰 이유는 유인원은 인간 어린아이와 달리 다른 종인 인간과 접촉한다는 점이다. 동시에 그는 인간과 유인원 사이에 있는 철창도 또 다른 원인으로 파악한다. 즉 '사이에 있는 것'들의 중요성을 무시함으로써 비교연구의 정확도가 떨어지는 것이다.

이처럼 동물을 대하고 연구하는 데 있어서, 사이는 그 직접적 대상인 동물만큼이나 관심을 기울여야 하는 영역이다. 포스트 코로나가 단순히 현재와 다른 미래의 차이를 상상하는 계기에 머무르지 않으려면, 이제 사이의 중요성에 관심을 기울여야만 한다. 그런 미래와 현재 사이에 있는 현실을 봐야 하는 것이다. 지구온난화에 대해 쓴 책에서 소설가 아미타브 고시Amitav Ghosh는 "인물 묘사에 상표 사용을 선택하는 것"이 "시장의 조정에 동조하는 일"이 아닌지, 즉 유명 상표의 옷이나 차량을 통해 인물을 설명함으로써 그 상표에 동반된 거대한 시장경제체제를 재생산하고 있는 것은 아닌지 의문을 던진다. 그러면서 그는 “해수면의 상승이 순다르반스를 범람시키고, 콜커타, 뉴욕, 방콕 같은 도시가 거주 불가능하게 된 매우 변화된 세계에서 독자들과 미술관 관람객들이 우리 시대의 예술과 문학을 본다면…… 대부분의 예술과 문학이 사람들로 하여금 자신들의 곤경의 현실을 인식하지 못하도록 하는 은폐 모드에 이끌려간 시기가 바로 우리 시대였다고 단정할 수밖에 없지 않을까?”라고 묻는다(11). 고시에게 포스트 아포칼립스는 미래가 아니다. 현실을 다시 보게 하는 계기고, 소설 쓰기의 변화를 요구하는 명령이다. 포스트 코로나도 다르지 않을 것이다. 인간과 동물의 차이보다는 사이를, 거리보다는 사이의 것들에 주목할 때다.

참고문헌

De Waal, F., *Are We Smart Enough to Know How Smart Animals Are?,* W. W. Norton, 2016.

Diamond, C., "The Difficulty of Reality and the Difficulty of Philosophy", in *Philosophy & Animal Life*, Cary Wolfe and et al., Columbia University Press, 2008.

Ghosh, A., *The Great Derangement: Climate Change and the Unthinkable,* University of Chicago Press, 2016.

Harman, G., *Tool-Being: Heidegger and the Metaphysics of Objects,* Open Court, 2002.

Jameson, F., *Archaeologies of the Future: The Desire Called Utopia and Other Science Fictions,* Verso, 2005.

Mandel, E. S. J., *Station Eleven,* Alfred A. Knopf, 2014.

Wolfe, C., *What Is Posthumanism?,* University of Minnesota Press, 2009.

근거리 입양

파랑새 '짹이' 이야기

김정미

프롤로그

"어린 야생동물을 살리는 가장 좋은 방법은 어미의 보살핌입니다."

서울시야생동물센터 홈페이지의 야생동물 구조 가이드는 이처럼 간곡한 당부로 시작된다. 구조 방법 안내에 앞서 구조를 만류해야 하는 이 역설은 '구조'와 '유괴'를 넘나드는 인간 행위의 위태로움을 경고하고 인간의 섣부른 개입을 막기 위한 호소이기도 하다. 홈페이지에 간결한 순서도로 정리된 구조 요령에는 곤경에 처한 야생동물에게 최선의 호의를 베풀 수 있는 지침이 살뜰하게 제시되어 있다.

예컨대 동물이 다쳤거나 다른 동물들의 공격을 받는 등의 매우 위험한 상황에 처한 것이 아니라면 안전한 장소에 대피시켜 어미가 올 때까지 기다리도록 하는 것이 최선이다. 이때 인간은 동물과 '충분한 거리'를 두고 지켜보아야 하며, 인간의 역할은 야생동물의 은신처를 찾을 수 없을 경우 이를 대체할 자리를 마련해 주는 선에서 그쳐야 한다. 나머지는 곧 새끼를 찾아낼 어미의 몫이다. 만일 야생동물이 다쳤거나 다른 동물의 공격을 받고 있거나 어미가 찾기 힘든 곳으로 떠밀려 온 상황이라면 최대한 빨리 야생동물 구조단체에 연락해 전문가의 도움을 받아야 한다. 괜한 의협심과 섣익은 측은지심은 곤경에 빠진 동물은 물론 인간 자신도 위험에 빠뜨릴 수 있다. 동정심만으로 해결 가능한 일이 많지 않음을 인정하는 것이야말로 올바른 구조의 첫걸음인 셈이다.

2015년 여름 서울 종로에 불시착한 아기 새 '짹이'도 그렇게 '구조'될 수 있었다면 굉장한 행운이었을 것이다. 합리적인 구조 활동의 결과, 새는 하늘로 돌아가고 인간은 땅에 남아 각자의 삶을 살아가게 되었다는 모범적인 결말도 가능했으리라. 그러나 안타깝게도 짹이의 이야기는 어미와 조우해 집으로 돌아갈 기회를 잃은 시점에서 출발한다. 야생동물을 자연으로 무사히 돌려보내는 것이 구조 활동의 목적이라면, 짹이는 결코 구조된 적이 없다. 갈 곳 없는 전쟁고아처럼 딱한 사정으로 입양 길에 오른 짹이는 야생의 새로 태어났지만 인간에게 길러지며, 서로 다른 — 혹은 애당초 하나였으나 지금은 갈라져 버린 — 두 세계의 경계를 넘나드는 삶을 살고 있을 뿐이다.

그러므로 낯선 종種에게 입양되어 좌충우돌하는 어린 생명의 이야기가 야생동물 구조의 사례로 오해되거나 심지어 구조를 독려하는 낭만적인 메시지로 오독되지는 않기를 기대한다. 또한 짹이 이야기가 '구조되는 동물'과 '구조하는 인간'의 관계로 표상되는 자연과 문명 사이의 위계 혹은 긴장에 관한 이야기로 읽히는 것을 경계한다. 그보다는 서로 다른 세계에 속하는 두 타자가 한 집에서 부대끼며 생존을 위해 분투하는 소박한 삶의 이야기로 읽히기를 기대한다.

손님에서 가족으로, 엄마 대신 이모에게

2015년 6월의 어느 밤 짹이는 끔찍한 재난의 희생자이자 처절한 생존자의 모습으로 이곳에 왔다. 창덕궁 후원과 인접한 필자의 집 마당은 궁궐 담을 넘나드는 고양이들의 통로 겸 놀이터였는데, 그날 고양이가 놀다 떠난 자리에는 숨만 겨우 붙어 신음하는 작은 새가 남았다. 날이 밝으면 마당 한구석에 묻어 줄 요량으로 안고 들어온 후에야 그 새가 부화한 지 얼마 안 돼 눈도 뜨지 못한 '갓난아기'임을 알 수 있었다.

그때까지만 해도 짹이는 잠시 머물다 갈 낯선 '손님'이었다. 죽어 가는 어린 새에게 마지막 안식처를 마련하는 것 이상의 대책은 없어 보였다. 행여 추울까 스티로폼 상자에 보온 담요를 깔아 줬지만 그 밤을 넘기기는 어려울 것 같았다. 다음날 아침까지 숨이 붙어 있는 새를 발견하고 먹이를 찾아 동분서주할 때만 해도 이 모든 일이 '당분간'일 것이라고만 생각했다. 본격적인 입양은 뜻밖의 이유로 이루어졌다. 새가 살아 있는 것을 확인한 날 구청과 야생동물보호협회 등에 구조 신고 전화를 걸어 짹이의 상태를 설명했으나, '수거' 후 결국 안락사를 당하게 될 것이라는 시큰둥한 답변이 돌아왔다. 뻔한 운명을 향해 작은 새를 내어 줄 용기가 나지 않았다. 고민하며 우물쭈물하는 사이 짹이는 어느덧 ‘손님’에서 ‘식구’가 되어 있었다.

생각지도 않았던 업둥이를 만나 부지런히 먹이를 나르면서도 감히 짹이 ‘엄마’를 자처할 수는 없었다. ‘엄마’ 대신 ‘이모’로서 육추育雛*에 뛰어들었다. 반려동물 입양을 통해 인간과 동물이 부모-자식의 호칭을 나누는 것에는 익숙했지만, 야생에서 입양한 아기 새와는 촌수 둘쯤 더 거리를 두는 것이 양심적이라는 생각이 들었다. 인간 손에 길들여져 인간들의 삶에 스며든 반려동물과 달리, 야생에서 온 새를 대면하자 그 어떤 돌봄과 친밀감으로도 밀고 들어갈 수 없는 심리적 공간이 느껴졌기 때문이다. 『정글북』에서 인간의 아기 모글리를 입양한 어미 늑대 라쿠샤가 인간의 세계로 돌아가려는 모글리를 말리지 못한 것도 비슷한 이유였을 것이다.

새로운 일상을 이어가며, 입양은 어떤 면에서 구조보다 훨씬 더 복잡하고 섬세하며 엄격한 책임이 따르는 실천이라는 것을 깨닫게 되었다. 더 장기적이고 정서적이면서 더 큰 헌신을 요구하기 때문이다. 섣부른 구조가 동물에게 해를 끼치듯, 부적절한 입양 역시 동물의 삶을 파괴하는 학대가 될 수 있다는 점에도 민감해졌다. 매우 다양한 형태로 나타나는 인간의 동물 입양은 때로 반反생명적이고 매우 폭

* 알에서 부화한 새끼를 키운다는 뜻이다. 육아育兒라는 용어가 더 익숙하지만 새의 정체성을 잃지 않는다는 의미를 강조하기 위해 부득이 더 낯선 용어인 육추育雛를 사용했다.

력적이기도 하다. 태국의 '파잔Phajaan' 의식이 대표적이다. 관광객을 태울 코끼리를 길러 내기 위해 아기 코끼리를 데려와 잔인한 폭행으로 야생성을 말살시키는 이 관습은 입양보다 약취유인에 가깝다는 점에서 동물 입양의 정당성에 의구심을 일으킨다. 요즘은 사육 중인 코끼리가 낳은 새끼를 빼앗는 경우도 많지만 자연에서 태어난 코끼리를 납치해 강제로 입양하는 것이 파잔의 시작이었다. 어미로부터 분리한 아기 코끼리에게 온갖 매질과 고문을 가해 인간의 지시대로 움직이도록 훈련하는 과정은 입양이라는 수사修辭조차 부끄러운 야만 행위로 지탄 받는다.

좀 더 교묘하게 이루어지는 입양 학대도 있다. 한때 유명 방송사의 프로그램에 '지하철 토끼남'이라 불리는 남자가 출연해 화제를 모은 적이 있었다. 남자는 지하철역에 토끼, 앵무새, 거북이 등의 동물을 데리고 다니며 "동물은 나를 죽지 않게 해 주는 버팀목"이라고 목소리를 높였다. 그러나 새의 부리에 매니큐어를 칠하거나 토끼에게 목줄을 채워 붐비는 장소에 노출시키는 등 동물학대가 의심되는 행위로 동물보호 단체의 수배 대상이 되었다.*

짹이를 입양한 후 내내 죄책감이 마음을 떠나지 않았던 것 역시 장애를 입은 새에게 입양된 삶이란 결국 무의미한 목숨의 연명이거나 또 다른 형태의 학대는 아닐까 하는 우려 때문이었다. 어린 새의 낙조가 발에 채일 만큼 흔하게

* 박지혜, ""대전역 '지하철 토끼남' 보면 연락주세요"...케어, 제보 요청"(2018년 12월 8일 작성), 이데일리.

발생하는 자연에서 소위 '자연의 법칙'을 거슬러 격에 맞지 않는 입양에 나선 것은 아닌지 문득 두려워지기도 했다. 그러나 짹이의 입양이 가책을 야기할 만한 수만 가지 이유에도 불구하고, 한 가지 사실만은 분명했다. 생명이나 신체에 큰 위험이 닥친 이에게 도움을 주는 것이 정말 보편적인 윤리라면, 인간 이외의 다른 동물들에게도 그러한 호의를 베풀지 않을 이유가 없다. 말하자면, 실천과정에서는 온갖 난관이 도사리고 있었지만, 차마 살아 있는 목숨을 끊어지게 둘 수 없다는 마음 하나가 그 모든 것을 감수하게 하는 동력이 되었던 셈이다.

새와 함께 살기, 그리고 또 다른 세계

새를 키워 본 적 없는 상태에서 장애를 입은 야생조를 돌보는 일은 그야말로 맨몸으로 부딪치는 모험의 연속이었다. 여기저기 수소문한 끝에 짹이가 '파랑새'*라는 사실을 알게

* 학명은 Eurystomus orientalis. 몸길이 29.5cm이다. 몸은 선명한 청록색이며 머리와 꽁지는 검은색을 띤다. 첫째날개깃 중앙에 창백한 코발트색 무늬(날 때는 흰색으로 보인다)가 있다. 부리와 다리는 산호색을 띤 붉은색이다. 한국에서는 흔하지 않은 여름새이다. 주로 큰 고목이 드문드문 있는 침엽수림이나 혼효림 또는 공원이나 농경지 부근에서 살며 나무구멍에 둥지를 틀고 번식한다. 부리가 단단해서 전주에 구멍을 뚫고 둥지를 틀기도 한다. 주로 나무 위에서 생활하는데, 나무꼭대기 가까이 앉아 있다가 날아다니는 곤충을 잡아먹는다. 날 때는 날개의 흰색무늬가 아주 선명하게 눈에 띈다. 5월경에 찾아온 새는 초기에 둥지를 차지하기 위해 서로 격렬하게 싸운다. 5월 하순에서 7월 상순에 걸쳐 3~5개의 알을 낳는다. 매일 1개씩 낳아 22~23일 동안 알을 품고, 새끼는 약 20일 동안 암수가 함께 기른다. 먹이는 딱정벌레·매미·나비 등을 즐겨

되자 문제가 한층 더 복잡해졌다. 높은 나무에 살며 매미와 나비, 딱정벌레 따위의 곤충을 먹는 이 여름 철새는 흔한 알곡을 먹고 계절도 타지 않는 주변의 텃새들에 비해 먹이를 구해 주고 공간을 만들어 주기가 훨씬 더 까다로웠기 때문이다.

일상을 함께하는 초밀착 근거리 입양의 특성상 매일의 의식주를 해결하는 일이 만만치 않은 과제였다. 어린 새가 눈뜨고 처음 본 상대를 부모로 인식한다는 '부모 각인filial imprinting' 효과에도 불구하고 짹이는 반려조로 길들여져 살 의향이 전혀 없어 보였다. 목조차 제대로 가누지 못해 매 끼니마다 머리를 받치고 부리에 먹이를 넣어 줘야 겨우 살아갈 수 있는 처지였지만, 야생의 본능은 하늘을 찌를 듯 높은 긍지와 대단한 고집으로 나타났다. 자고 일어나는 시간부터 좋아하는 것과 싫어하는 것, 하고 싶은 것과 하고 싶지 않은 것, 바라는 것과 타협 가능한 것의 아슬아슬한 경계를 넘지 않기 위해서는 인간의 언어가 아니라 눈빛과 몸짓, 자세와 소리 등 그야말로 오감을 열고 마음을 집중하는 새로운 의사표현 방식에 익숙해져야 했다. 새의 감각과 소통방식이 인간과 다르다는 것을 경험을 통해 조금씩 배워 갔다. 많은 시행착오를 거쳐 짹이의 이런저런 신호를 파악하고 예측할 수 있게 되자 비로소 먹이고 놀아 주고 재우는 일이 한층 수월해졌다.

먹는다. 인도·일본·보르네오섬·오스트레일리아 등지에 분포한다. 북부의 번식 집단은 겨울에는 열대지방으로 이동하며 남부의 번식 집단은 텃새이다. (출처: 두산백과사전)

그 과정에서 놀라운 일이 일어났다. 짹이는 점차 일방적인 돌봄의 대상에서 자기주장을 가진 소통의 대상이 되어 갔고 — 인간의 관점에서 달리 표현하자면, 오랜 기간 함께해 온 짹이의 행태와 심리를 어느 정도 이해하게 되었고 — 그것은 우리 둘의 친밀한 관계를 넘어, 동물이 인간과 동등한 인격personhood으로 서로의 삶 속에 얽혀드는 원시적 상상력의 재현으로 이어졌다. 동물에 대한 무분별한 의인화 또는 인간의 관점에서 동물의 감정이나 느낌을 자의적으로 해석했다는 의혹에도 불구하고, 왜 그토록 많은 신화와 전설에 동물과 대화하는 이야기, 동물이 은혜를 갚거나 복수를 하는 이야기, 심지어 인간이 동물이 되거나 인간으로 둔갑한 동물과 함께 사는 이야기가 등장하는지 단박에 이해할 수 있었다. 인간과 동물이 모두 같은 인격으로 어우러지는 세계에 대한 기억은 인류사에서 매우 강력하게 지속되어 왔지만 소위 문명인의 사고의 틀에서 비과학적인 것으로 치부되어 가차 없이 삭제되었다. 그런 기억이 파랑새를 먹이고 재우는 과정에서 조용히 되살아난 것이다.

한편으로는 인간-동물 관계를 인간의 언어와 문화로 재단하는 오류가 아닐까 경계했지만, 수많은 의심과 회의를 압도할 만큼 그 경험은 강렬하고 놀라웠다. 까치가 말을 걸고, 두꺼비가 은혜를 갚고, 뱀이 도道를 깨치는 것이 옛날이야기에나 등장하는 케케묵은 상상이 아니라 바로 지금 현대문명의 정점에 선 대도시 서울에서도 충분히 일어날 수 있는 일로 납득되었기 때문이다. 그런 맥락에서 짹이를 입양한 후의 생활은 단지 새 한 마리를 먹이고 재우는 일을 넘어 낯설지만 낯설지만은 않은 또다른 생명과 함께 삶의 새로운 의미를 찾아가는 과정이 되었다. 사람한테도 못하는 걸 한낱 새를 위해 한다고 힐난하는 사람들에게 더 이상 주눅 들지 않게 된 것도 짹이가 고유한 인격으로 자리매김하며 생긴 귀중한 변화였다.

비단 짹이만이 아니다. 짹이를 중심으로 지금 이곳에서는 매년 여름 바다 건너 찾아오는 파랑새 친척들부터, 치밀한 탈출 전략으로 먹잇감 신세를 벗어나는 매미, 필사적으로 알을 낳은 후 비로소 눈을 감는 어미 귀뚜라미, 저녁마다 창가로 날아와 바깥세상 이야기를 들려주는 직박구리, 수십 년 만에 할아버지 손에 들린 잠자리채의 미세한 떨림에 이르기까지 무수히 많은 존재들이 각자의 존재성을 드러내며 다채로운 이야기를 들려주고 있다. 전에는 듣지 못했던 다양한 이야기의 어우러짐은 인간의 관점과 새의 관점을 아울렀을 때 새롭게 나타나는 세계이며, 타자의 곁을 스치지 않는 완벽한 '거리두기' 대신 근거리에서 물리적으로 함께하는physical togetherness 경험을 통해 서로의 관점을 배운 결과라고 믿는다.

짹이의 입양은 어린 새에게 닥친 재난과 장애라는 최악의 조건에서 생존을 위해 어쩔 수 없이 선택한 대안이었다. 따라서 이것은 야생동물 '구조'라는 측면에서 매우 예외적이고 비일상적이며, 어떤 점에서는 반면교사로 삼아야 할 문제적 상황이다. 그러나 혈연을 넘어 타자와 가족을 만드는 '입양'의 틀에서 보면, 쉽사리 만나지지 않던 두 세계가 우연히 부딪친 이 마찰점이야말로 새로운 세계가 열리는 시작점이었다. 낯선 존재와의 새로운 관계가 시작되면서, 비로소 그와 연결된 더 많은 존재들의 이야기에 귀를 기울이게 되고, 그러한 작은 경험들이 모여, 어쩌면 인류의 오래된 기억 속에 저장되어 있을지도 모를 “확장된 세계”의 회복에 대한 기대와 소망을 키워나가게 될 것이기 때문이다.

참고문헌

에두아르도 콘, 『숲은 생각한다』, 차은정 옮김, 사월의책, 2018.

울리히 슈미트, 『동물들의 비밀신호』, 장혜경 옮김, 해나무, 2008.

조지프 러디어드 키플링, 『정글북』, 정회성 옮김, 사파리, 2018.

클로드 레비스트로스, 『레비-스트로스의 인류학 강의』, 류재화 옮김, 문예출판사, 2018.

클로드 레비스트로스, 『야생의 사고』, 안정남 옮김, 한길사, 1996.

원거리 입양

코끼리 '마야' 이야기

권헌익

봉준호 감독의 〈옥자〉(2017)의 주인공은 한국의 산골에서 할아버지와 함께 외롭게 사는 소녀 미자와 미국의 실험실에서 유전자 조작으로 태어난 슈퍼돼지 옥자다. 영화는 인간과 동물의 경계를 넘어 인간 가족보다 더 가족같이 가까운 두 성장기 '여인'들의 이야기를 담고 있다. 두 주인공 모두 부모가 없는 명목상의 '고아'인데, 그렇기 때문에 더욱 서로에게 헌신한다. 옥자는 미국 바이오 회사가 미자와 할아버지에게 잠시 위탁한 실험체지만 미자는 옥자를 그렇게 인식하지 않는다. 할아버지는 옥자를 '입양'한 것이고, 옥자는 어릴 적부터 같이 자란 친구이자 가족 이상의 무엇이다. 둘의 관계에는 사회과학에서 인간의 친근하고 친밀한 관계를 따질 때 사용하는 친족kinship, 주어진 관계라는 의미에서과 우애friendship, 만드는 관계라는 의미에서 등의 구분이 잘 적용되지 않는다. 옥자는 그저 (나무와 물과 바위가 있는 산골의) 어느 세상에 나와 함께 있는, 함께 있어 왔던, 그리고 함께 있어야 할 존재일 뿐이다. 사회과학이 분류classification의 학문이라면 (예를 들어 주어진 관계 대 만드는 관계), 옥자와 미자의 관계에는 딱히 분류하기가 곤란한 그저 '함께 있음being-in-common'의 속성, 말하자면 비분류적이고 그래서 전前사회과학적인 속성이 강하다. 인식론과 대비된다는 의미에서 현상학적 속성이 부각되는 관계라고 할 수도 있겠다. 그런데 이게 다가 아니다. 이야기의 끝으로 가면 진짜 입양이라 부를 만한 사건이 일어난다. 대상은 옥자와 미자가 함께 슈퍼돼지 수용소(도살장)에서 구출한 어느 이름 없는 슈퍼돼지 새끼다. 엄마 아빠가 있는, 그렇지만 고아가 된 아기돼지인 것이다. 아기돼지는 그 죽음의 공간에서 용케 살아 나와 미자와 옥자의 생명이 넘치는 산골 세계에, 그녀들의 분류되지 않는 관계의 세계에 입양아라는 (분류체계의 의미에서) 분명한 정체성으로 합류한다.

'입양'이라는 조건은 사실 엄청난 의미를 갖는다. 이런 조건이 존재하지 않는 사회도 있다. 입양이라는 행위는 있는데 이를 입양이라고 이해하지 않는다는 의미이다. 사냥 사고나 자연재해로 고아가 된 남의 아이를 데려와 품으면서도 그 아이를 남의 아이라고 인식하지 않는 이누이트(에스키모)의 관습이 좋은 예이다. 남의 아이가 남의 아이가 아니면 반대로 내 아이도 반드시 내 아이가 아닐 수 있으며, 실제로 인류학의 친족체계 연구 영역에서는 유사한 관념들을 많이 보게 된다. 그러니 '입양'이라는 개념이 불가능한 세계가 얼마든지 있을 수 있다. 20세기 초반의 저명한 프랑스 인류학자 마르셀 모스Marcel Mauss의 논지에 따르면 이누이트 사회는 더 나아가 나와 남의 경계가 계절에 따라 분명해지기도 불분명해지기도 하는 사회다. 여름에 널리 퍼져서 사냥 행위를 할 때 이들은 핵가족 단위로 거주하며 단위들 사이의 경계 의식도 명확하다. 반대로 겨울에는 카심이라는 공동거주공간에서 생활하면서 소위 '내것 네것'이 없는 (원시)공산사회를 형성한다. 나와 남의 경계가 불분명한데 어떻게 남의 아이를 내가 데리고 있다는 개념이 성립하겠는가? 이들의 유명한 '고래축제'(사냥한 고래의 혼을 자연으로 되돌려 보내는 의식)가 벌어지는 것도 이 시기다. 시베리아 대륙의 원주민 세계로 오면 입양은 더 큰 의미를 갖게 된다. 이 지역 전역(서쪽의 사미족에서 동쪽의 퉁구스족과 아이누족에 이르기까지)에서 광범위하게 관찰되는 '곰 축제'라는 것이 있다. 겨울잠을 자는 아기 곰을 집으로 데려와 키우다가 자라면 다시 자연으로 (그 혼을) 돌려보내는 의식이다. 입양이라는 행위를 매개로 자연과 인간 사회의 관계를 설정하고 재생산하는 지역 원주민들에게는 그 무엇보다도 중요한 전통이다.

「근거리 입양: 파랑새 '짹이' 이야기」에서 김정미는 과거의 원주민 전통에서뿐만 아니라 오늘날 서울이라는 거대도시환경에서도 사람과 동물이 입양이라는 형식으로 만나는 사례를 제시했다. 종과 종의 만남이 가족의 일상생활로 전환되는 놀라운 사례다. 짹이라는 이 길 잃은 파랑새와의 만남은 사람과 그의 사회활동에 엄청난 변화를 가져온다. 새와 사람의 생활은 얽히고설켜 여느 가족의 생활보다 더 복잡해지는 면도 있는데, 이때 안정된 일상생활을 위해 종과 종 사이의 일정한 경계를 유지하는 것 역시 중요하다. 어찌 보면 디즈니 애니메이션으로 더 유명해진 에드거 라이스 버로스Edgar Rice Burroughs의 소설 『유인원 타잔*Tarzan of the Apes*』(1912)과도 흡사하게(물론 입양의 방향은 반대이지만), 짹이 이야기에서 중요한 것은 종과 종 사이의 친근하고 친밀한 가족관계의 형성만큼이나, 각 가족구성원의 (종으로서의) 독자적 영역에 대한 존중 내지 거리두기일지 모른다. 집이라는 공간에서 초근거리로 이루어진 종과 종 사이의 입양 관계를 그린 이 이야기에 이어 여기서는 원거리 입양의 한 사례를 소개한다.

최근 팬데믹 사태로 인간 사회 주변에 있는 동물들의 삶에 여러 변화가 관찰되었다. 사회 내 그리고 지역 간의 이동이 통제되면서 사회의 동적인 체제가 갑자기 정적인 상태로 선회했다. 이에 대한 동물세계의 반응은 다양했는데, 웨일스의 어느 타운에는 산양들이 대거 진입하여 가꾸지 않은 정원이 시간이 지나면 숲이 되는 것처럼 동네를 (인간의 시각에서 볼 때) 야생화시키기도 했다. 이 정도까지는 아니어도 갑자기 들리지 않던 새소리가 들려온다는 등 사회가 정지되면서 그간 무심히 지나쳤던 자연의 존재를 재발견하게 되었다는 얘기도 있었다. 그러나 반대의 경우도 있었다. 청주동물원의 최태규 선생님이 지적하셨듯이 사람의 발길이 끊기면서 인간이 자의적으로 사회 안에 들여온 동물들, 예를 들어 동물원의 동물들에게 생존의 위기가 닥치기도 했다. 유지가 불가능해진 독일 어느 동물원이 동물들을 굶기느니 차라리 살처분할 것을 고려하고 있다는 충격적인 소식도 들렸다. (「팬데믹 상황의 동물원 동물들」 참고)

필자는 수년 전부터 짐바브웨와 스리랑카의 동물보호소와 관계를 맺고 있는데, 이곳들도 사정이 좋지 않다. 두 곳 모두 홀로된 어린 코끼리들을 돌보지만 이들이 '고아'가 된 배경은 좀 다르다. 아프리카의 보호소에서는 주로 밀렵이 문제고, 남아시아의 보호소에는 지나친 노동으로 엄마를 잃은 코끼리들이 많다. 짐바브웨의 보호소는 국제자선단체의 지원과 개인들의 헌금으로 유지된다. 파리 유네스코 본부도 지원하는 곳 중 하나인데 나도 이곳과 교류를 하다가 연이 닿아 소박하게나마 지원을 하게 되었다. 나중에 알게 된 사실이지만 이 보호소가 있는 지역은 한반도의 역사와 놀랍게 연결되어 있다. 1980년대 중반 짐바브웨의 오랜 독재자 무가베의 군대가 여기서 은데벨레의 학살이라 불리는 민간인 학살을 저질렀는데, 이 비극의 배경에 당시 무가베 세력과 가까웠던 북한의 군사 지원과 훈련이 있었던 것이다. 당시는 영국의 저명한 국제관계학 연구자 프레드 할리데이Fred Halliday가 '제2의 냉전'이라고 명명한 시기로, 초기 냉전의 주요 사건이었던 한국 전쟁과 흡사한 상황이 동북아시아와 동남아시아를 넘어 아프리카와 중동 등으로 광범하게 확산되던 때였다. 이 '제2의 냉전' 시기에 초기 냉전의 주요 아시아 지역 행위자였던 북한과 중국, 그리고 쿠바 역시 (물론 미국 및 구소련과 함께) 아프리카의 여러 내전에 깊이 관여했다.

스리랑카의 보호소는 1990년대 중반에 지역을 방문했을 때 알게 된 곳이다. 이 지역은 필자가 지금 몸담고 있는 케임브리지 대학의 저명한 인류학자 에드먼드 리치

Edmund Leach가 예전에 참여조사를 했던 곳으로, 당시 내전에 휩싸여 있었다. 그때 나는 베트남 내전의 미시사를 연구하고 있었는데 리치의 이론적 지향(친족연구에서 친족관계를 특정한 지역 혹은 터의 환경적 구성과 연결해서 접근해야 한다는 주장)이 나의 연구에 상당히 중요했다. 그런 연유로 당시 반란군인 타밀 타이거의 점령지였던 트링코말리에 가는 길에 이 지역을 잠시 방문하게 되었다. 마침 '페라헤라'라 불리는 지역의 중요한 축제 기간이었다. 코끼리를 앞세운 축제 행렬이 천둥소리 같은 타악기 음악에 맞춰 저 앞에서 다가오고 있었다. 화려하게 단장한 엄마 코끼리 앞에서 아기 코끼리가 북장단에 맞추어 춤을 췄다. 코끼리는 훈련된 춤이 아니라 거의 그 시기에 내가 몸담고 있던 맨체스터 대학교의 학생들 사이에서 유행하던 하우스 댄스만큼이나 자유로운 몸놀림을 보여 주어 나를 깜짝 놀라게 했다. 이 놀라운 경험 이후 몇몇 계기를 거쳐 지역의 코끼리 보호소에 매년 조금씩 지원을 하게 되었다.

현재 스리랑카 보호소에는 마야라는 이름의 고아가 된 아기 코끼리가 있다. 2020년 팬데믹 상황에서 이 지역도 이동이 제한되었고, 관람객들의 방문에 크게 의존하던 보호소의 운영은 위기를 맞았다. 이제껏 해 왔던 일반 지원이 아니라 개인 지원자가 특정한 고아를 일대일 관계로 입양하는 형식을 제안하는 이메일이 왔다. 물론 한 마리의 고아는 여러 '아저씨' '아줌마'와 연결된다. 나도 이 아저씨 중 하나가 되었고 이후 정기적으로 오는 마야의 소식을 공유하면서 마야의 아줌마, 아저씨 사이에 일종의 가족 같은 커뮤니

티가 형성되어 메시지를 주고받는다. 마야는 강물에서 보호소분들이 목욕을 시켜 주고 솔질을 해 주는 것을 참 좋아한다. 특히 베테랑 보호자인 쿠마르 씨가 해 주는 솔질을 좋아한다고 해서 이분과 마야의 목욕 습관에 대해서도 연락을 주고받고 있다. 최근에 주고받은 소식은 쿠마르 씨가 한쪽 솔질을 마치고 돌아누우라고 말할 때 마야가 말을 잘 듣지 않고 여러 번 재촉해야 겨우 천천히 마지못해 돌아눕는다는 것이었다. 쿠마르 씨는 이를 두고 어떻게 해서든 목욕 시간을 늘리려는 마야의 전략이라고 했는데, 이 말을 전해 들은 나를 비롯한 마야의 아저씨들은 역시 우리 마야가 진짜 똑똑하다며 좋아했다. 우리 커뮤니티의 한 아줌마는 마야를 직접 대면한 경험이 있는데, 그러지 못한 나머지는 가상공간에서만 마야의 소식을 보고 듣고 또 그리워하며 때론 걱정하고 있다.

이런 작은 경험을 이누이트나 퉁구스족의 오랜 역사와 눈부신 미학을 가진 입양 행위와 비교할 수는 없다. 후자는 깊은 세계관적 의미를 갖고 있으며, 자연과 사회의 관계에 관한 정교한 사유와 사고에 기반한다. 이러한 인류 문명의 소중한 유산을 배우고 숙지하는 것은 중요하다. 과거에도 그러했지만 지구환경과 지구생명의 총체적 위기를 맞은 오늘날엔 더욱 그렇다. 인간과 동물의 관계는 인간이 자신을 자각하기 시작할 때부터 그들의 자아인식에 존재해 왔다. 인간은 자신만을 바라보면서 자아를 형성할 수 없으며, 자신과 다르지만 한편으로는 자신과 흡사한 타자를 통해 자신의 존재 입지를 이해하기 때문이다. 인간이라는 카테고리가 하나가 아님을, 그 카테고리 안에 자연이 함께함을 인지하는 것, 예나 지금이나 이것이 인문사회과학의 토대이면서 또한 지향점이다.

유라시아 여러 (원주민) 민족들은 예전에 자신의 부족의 이름을 그들의 언어로 '인간'이라고 지었다. 동시베리아의 나나이족이 한 예인데 '나나이'는 그들의 언어로 그냥 '사람'이다. 그러나 여기서 사람은 사람이 아니다. 그들의 신화와 의례 전통이 설명하듯이 동물과 인간이 '섞인' 사람이다. 단지 실생활에서 동물과 구분을 해야 하기 때문에 사람이라는 이름으로 자신을 발현할 따름이다. 짹이와의 근거리 삶, 마야와의 원거리 관계는 한편으로는 이 도도한 인류 전통의 작고도 너무나 소박한 표현일 뿐이다. 퉁구스족 사람들의 입양과 달리 여기서 소개하는 입양은 입양의 엄청난 문명적 의미를 토대로 하지 않은 우연의 산물이다. 그러나 한편으로 문명의 깊은 전통이 단절된 오늘날 이 우연은 그저 우연이 아닐 수도 있다. 길을 잃은 파랑새가 내 앞에 그 존재를 발현하는 사건, 하우스 댄스를 추는 아기 코끼리가 나의 영혼을 흔드는 사건, 이것들이 과연 나에게 주어진 우연일까? 문명과 단절된 우리 삶의 현장에서 그 잊힌 문명이 혼란하고 무력한 우리에게 나를 잊지 말라고 메시지를 보내는 것은 아닐까? 이렇게 보면 마야에게 나는 절대 키다리 아저씨 같은 선물이 아닐 것이다. 반대로 그녀의 존재가 잠자고 있던 무지한 나의 영혼에 대한 선물이겠다. 인간의 바깥에 있는 자연의 선물이 아니라 이미 오래 전에 인류 속에 들어온 그 자연의 선물이다.

야생의 거리와
공존의 생태계

김산하

코로나19 사태가 여전히 수그러들 기미가 없는 가운데 많은 나라들이 이에 대응하기 위해 안간힘을 쓰고 있다. 이번 사태의 근본 원인에 대한 진단과 연구도 활발하다. 많은 경우가 그렇듯 전염병이 대유행하게 된 정확한 경로와 그 모든 연결고리가 엄밀하게 확증되기는 어렵다. 그러나 대체적인 윤곽과 정황적인 증거는 한 가지 방향을 가리키고 있다. 중론은 이것이 박쥐와 같은 야생동물에서 건너온 인수공통감염병이라는 것과 야생동물을 산 채로 거래하는 '젖은 시장wet market'을 통해 인간에게 퍼졌다는 것이다. 이미 여러 논문과 조사 보고서 및 언론보도에서 야생동물로부터 '스필오버spillover'가 일어난 것이 코로나19 사태의 시발점이자 근본원인이고, 최근 수년간 창궐하고 있는 감염성 질병emerging infectious diseases 중 60~75퍼센트가 동물로부터 유래했다는 점이 부각되고 있다. 따라서 야생동물과 인간이 야생의 자연과 맺는 관계가 포스트 코로나 시대를 맞이하는데 핵심적인 화두가 되어야 함은 매우 자명하다.

인간이 야생의 자연과 어떤 관계 설정을 해야 하는가를 탐구하기 위해서는 우선 자연상태의 야생동물이 원래 어떤 방식으로 서로 관계를 맺고 사는지를 알아볼 필요가 있다. 전염병의 전파는 여러 생태적 상호작용 중 하나이며, 이러한 수많은 상호작용이 얽히고설킨 관계망에 어떤 교란 및 변화가 일어남으로써 발생한 문제이기 때문이다. 실제로 이번 코로나19 사태에서 가장 유력한 중간매개 동물로 거론되고 있는 천산갑은 최근 엄청난 밀렵의 대상이 된 종이다. 천산갑은 지난 약 10년 동안 전 세계에서 가장 많이 밀렵된 포유류로, 주로 중국과 베트남의 동물시장으로 유입 및 소비된다. 이는 이미 자연 생태계에 엄청난 수준의 교란 및 훼손이 일어났음을 의미한다. 이 글에서는 최근에 화두가 되고 있는 거리두기 행동을 중심으로, 온전한 생태계 내에서 야생동물들이 서로와의 관계를 설정할 때 어떤 기전들이 나타나는지를 살펴보고 이를 통해 문명이 진정한 공존을 위해 취해야 할 방향의 단초를 모색하고자 한다.

야생동물의 삶은 자연 서식지에서 나타나는 다양한 표현형의 총체로서 특정된다. 이때의 표현형은 동물의 신체와 특성으로 나타나는 표현형은 물론, 공간점유 및 이주범위 등 거시적인 행동반경의 표현형 등을 전부 아우른다. 가령 필자가 인도네시아 열대우림에서 연구했던 자바 긴팔원숭이*Hylobates moloch*는 약 30~40헥타르에 이르는 영역을 배타적으로 방어하며 사는데, 이곳에서 모든 먹이를 섭취하고 번식행동을 하기 때문에 영역행동은 매우 중요하다. 그런데 영역의 유지는 직접적인 접촉보다는 간접적인 기전으로 이루어진다. 특히 소리행동이 영역을 유지하는 데 큰 역할을 수행한다. 소리는 개체의 존재와 영역의 소유권을 알리는 기능을 하며, 자바 긴팔원숭이는 이웃과 영역이 겹치는 지역에서 더 많은 소리를 내는 현상을 보였다(Ham 2017). 또 소리행동을 한 날이나 영역이 겹치는 지역을 방문했을 때 하루 이동 거리가 더 늘어나기도 했다. 즉, 타 개체의 존재가 그때그때의 거리두기 행동에 반영되고 있음을 알 수 있다. 이러한 현상은 영역 경계에서 벌어지는 물리적 충돌에서도 관찰된다. 충돌은 쫓고 쫓기는 호전적 행동으로 나타나지만 실제 충돌은 거의 일어나지 않는다. 경우에 따라 쫓는 자와 쫓기는 자가 바뀌는 등의 역할 변경이 있을 뿐 물리적 싸움으로 치달아 서로에게 치명상을 입히는 사례는 거의 관찰되지 않는다.

동물의 영역행동은 기본적으로 일종의 공간 또는 간격 조절 행동spacing behavior이다. 상대방과 직접적으로 접촉하며 물리적으로 맞서는 방식의 행동은 소모적이고, 불필요한 에너지의 소비는 다른 필수적인 섭생을 위해 할애되어야 할 자원의 감소를 의미한다. 그렇기 때문에 동물의 영역행동은 매우 '의례화ritualized'된 경우가 많다. 그런데 흥미로운 점은 한 서식지에 사는 한 종의 영역은 그곳에 사는 수많은 다른 종의 행동과 중첩되며 이 관계는 기본적으로 비경쟁관계라는 것이다. 동종끼리는 격심한 영역 싸움을 벌이는 와중에도 수많은 다른 종들은 이와 무관하게 같은 공간을 점유하고 활동하며 살아간다.

수많은 이종의 이러한 동소성sympatry은 서식지가 본질적으로 다차원적 공용공간임을 보여 준다. 각기 상이한 크기와 특성을 지닌 이종들은 공용공간을 활용하기 위해 기본적으로 거리를 시시각각으로 모니터링하고 조절하는 다양한 기전에 의존한다. 예를 들어 조류의 비상 시작 거리flight initiation distance, FID는 종 특이적으로 나타나는 대표적인 공간조절 표현형이다(Tätte 2018; Blumstein 2003). 조류는 잠재적으로 위험한 동물의 접근을 예의 주시하고 있다가 그 동물이 특정 거리 내로 접근하면 경계의 수위를 상향 조정하고 급기야 도망가는 결정을 하게 된다. 어느 정도까지의 거리에 들어와야 비로소 날아가는지를 결정하는 것이 바로 FID 행동이다. 즉, 동물들은 끊임없이 포식자의 출현을 경계하면서 사는데, 이는 면밀한 관찰과 반응을 통해 지속적으로 거리를 조절하는 거리두기 행동이라 볼 수 있다.

같은 공간에서 여러 종이 공존하기 위해서는 물리적인 거리두기만이 관건은 아니다. 삶을 구가하는 방식 자체, 즉 생태적인 거리가 어느 정도 확보되어야 여러 종이 동시에 한곳에서 살아갈 수 있다. 맥아더와 레빈스가 제창한 유사성 제한 이론에 따르면 서로 다른 두 종이 동일 시공간에 공존할 수 없다(MacArthur 1967). 따라서 동소성이 가능하기 위해서는 두 종이 자원을 분할함으로써 경쟁 멸종을 방지해야 한다. 한 가지 자원(즉, 두 종이 모두 활용하기 때문에 경쟁관계가 발생하는 자원)을 두고 두 종이 경쟁한다고 할 때, 경쟁이 치열한 교집합 부분보다는 각자가 더 잘 적응한 부분을 공략하는 개체들이 자연 선택되면서 두 종간의 거리가 증가한다. 이 거리가 충분히 벌어지게 되면 그 사이를 공략하는 제3의 종이 여기에 들어설 수 있다. 자원의 분할뿐 아니라 서식지의 시간적 분할 등의 경로를 통해서도 공존을 가능케 하는 생태적인 적소 분화가 일어난다. 다시 말하면, 생태적인 공존의 기초는 다차원에 걸친 존재적 거리두기에 기반한다고 할 수 있다.

개방적인 공존지인 자연 서식지가 이와 같은 방식으로 존재할 수 있는 것은 이에 참여하는 동물들이 각기 다른 진화적, 생태적 기전과 역사를 바탕으로 자연적인 과정에 따라 그 생태계를 직조할 수 있었기 때문이다. 동물은 서식지를 떠나서 존재할 수 없으며, 동시에 그 서식지를 자기생산autopoiesis의 일부로 합병시킴으로서 비로소 동물이 된다(Maturana 1980). 즉, 동물은 서식지와의 상호작용을 통해 그 서식지를 특정한 방식으로 활용하게 되며, 그 활용방식이 동물을 존속시킬 수 있을 때 진정한 의미에서 '서식'이 가능해지는 것이다. 그런 의미에서 모든 동물은 그 서식지가 가진 '생명 잠재력'의 한 가지 표현방식이다. 동물이 서식하면서 소속되는 생태계의 모든 구성원은 이 표현에 기여한다. 하지만 표현의 주체는 동물이다. 그리고 동물이 서식지의 가능성을 표현하기 위해서는 자기결정적인 존재여야 한다.

동물이 자기결정적 존재가 되기 위해 필요한 것이 바로 동물의 야생성이다. 영어로 야생을 의미하는 'wild'는 'wildeor'(self-willed animal)에서 유래했다. 스스로의 의지를 가진 동물이라는 의미이다. 또한 야생의 자연을 의미하는 'wilderness'는 스스로의 의지를 가진 동물들의 집을 의미한다고 한다. 언어적 기원에서 엿볼 수 있듯이 야생성에서 가장 중요한 속성은 스스로의 의지로 추동되는 존재라는 점이다. 이런 이유로 인해 야생성의 핵심 속성은 흔히 자율성autonomy과 자기조직화self-organization로 특정된다(Farina 2016). 환경 철학자 홈스 롤스턴 3세Holmes Rolston III는 야생동물이 지닌 야생성의 특징을 다음과 같이 표현한다. 야생적 자율성wild autonomy, 확률과 가능성probability, contingence of discovering, 집중과 현재성demanding of intense focus, 관점과 주관성points of view, subjectivity, 그리고 시도와 성패attempt to succeed/fail 등이 그것이다(Rolston 1986). 이러한 특징들은 인간의 시점에서 인식한 야생성이라는 한계는 있으나 좀처럼 정의하기 어려운 동물의 야생성을 규정하는 데 몇 가지 용이한 단초를 제공한다는 점에서 의의가 있다.

인간의 관점으로 보았을 때 이러한 특징들은 야생동물을 진정한 타자로 인식하게 해 준다. 어떤 방식으로도 복속 또는 편입시킬 수 없고 영원히 제대로 이해하거나 소통할 수 없지만, 내가 지닌 것과 동일한 자율성과 자기조직화로 인간이 던지는 시선을 그대로 돌려주는 야생동물은 그 타자성으로 인해 언제나 인간과 거리를 유지한다. 바로 이러한 이유로 존 버거John Berger는 인간과 동물의 삶은 평행관계이며 죽음으로서만 잠시 교차했다가 다시 평행관계로 복귀한다고 말한 것이다(Berger 2009). 그런데 이 평행관계조차 제대로 지켜지지 못하는 현상이 지속적이고 갈수록 강도 높게 발생함으로써 야생동물의 야생성은 현현될 기회조차 박탈당하고 있다. 그 한 가지 이유는 시간이 갈수록 늘어만 가는 인간 영역이 자연 서식지를 크게 감소시키고 있기 때문이다. 즉, 인간의 서식지는 공간을 배타적 독점지로 점용하는 특징을 가진다. 자연에서 우점종이 타종을 공간적으로 완전히 배제해 야생성의 발현 기회조차 말살하는 경우는 없다. 자연 서식지는 그 어떤 경우에도 다수의 서식지이다.

야생성이 박탈되고 있는 또 한 가지 원인은 이미 급격히 줄어들고 있는 야생의 서식지에 인간이 침투해 야생적 메커니즘 자체의 정당성을 부정하고 또 파괴한다는 데 있다. 최근 한국에서 일어난 아프리카돼지열병 사태에서 야생 멧돼지의 대규모 사살은 사상 최초로 문명 밖 야생의 영역에서 자행된 '야생 살처분'이자 인간과 야생동물 간의 평행관계를 파기한 사례이다. 아프리카 사하라 이남 지역에서 발병한 병이 한반도에까지 도달한 것은 당연히 인간과 인간이 운송한 물자의 이동 때문이고, 한국의 멧돼지는 이것의 직접적인 피해자임에도 불구하고 오히려 문제의 원흉으로 낙인 찍혀 전국에서 사살되고 있다. 국가조차 멧돼지에 대한 역학조사를 하면서도 축산 체계에 대한 방역보고서는 아예 발표도 하지 않는 식으로 멧돼지에 '누명'을 씌우는 데 앞장선다. 인간의 체계가 초래한 질병의 원인은커녕 피해자인 토착 야생동물의 정상적 행동을 문제 삼으며 무차별 사살은 물론 절멸까지 검토하기에 이른 셈이다.

이제는 야생과의 관계를 재검토하고 새롭게 설정하는 것이 무엇보다 절실한 시대이다. 코로나19 바이러스 사태는 인간이 야생의 영역에 침투함으로써 일어날 수 있는 수

많은 위험의 가능성 중 한 가지 결과를 보여 줬을 뿐이다. 야생의 자연을 배제, 배격, 박멸하려고 했던 과거의 문명에서 벗어나 야생의 본원적 가치와 다양한 양상을 이해 및 수용하고 장려하는 태도가 필요하다.

이러한 배경에서 전 세계적으로 새롭게 등장하고 있는 움직임이 바로 'Rewilding'(직역하면 '재야생화'를 의미하는 용어지만 필자는 '활생'이라 부를 것을 제안한다)이다. 활생은 인간이 기획 또는 디자인한 것과 무관하게 자연이 스스로의 의지에 따라 다시 야생성을 되찾도록 인간은 보조와 같은 최소한의 역할만으로 자연을 대하는 태도, 철학 그리고 보전 방식을 의미한다. 실제로 많은 국가에서는 이미 소위 위험한 동물이라 인식되는 최상위 포식자의 복귀를 시행하거나 시행을 계획하고 있으며, 이를 통해 생태계의 야생성을 복원시키려 하고 있다. 이러한 행위의 의미를 철학자 마틴 드렌센Martin Drenthen은 다음과 같이 표현한다. "활생은 인간과 비인간 간의 의사소통을 재개하는 것이자, 공간의 공동 사용을 재협상할 필요성을 인식하는 것이다"(Farina 2016). 각종 위기에 직면해 있는 지금, 지구가 공동의 공간이라는 사실을 대전제로 보다 생태적 문명으로 나아가는 길을 모색하는 것은 명백한 시대적 요구이다. 이를 위해 자연이 야생 본연의 모습을 되찾을 수 있도록 하는 작업은 미래의 지구를 위한 핵심 과업이라 해도 과언이 아닐 것이다.

참고문헌

Berger, J., *Why Look at Animals?,* Penguin, 2009.

Blumstein, D. T., Anthony, L. L., Harcourt, R. and Ross, G., "Testing a key assumption of wildlife buffer zones: is flight initiation distance a species-specific trait?", in *Biological Conservation,* 110(1), pp.97~100, 2003.

Farina, A., Brentari, C., Dow, K., Drenthen, M., Dufourcq, A., Gaitsch, P., Kaplan, G., Meijer, E., Rustick, S. M., Szerszynski, B. and Tokarski, M., *Thinking about Animals in the Age of the Anthropocene,* Rowman & Littlefield, 2016.

Ham, S., Lappan, S., Hedwig, D. and Choe, J. C., "Female Songs of the Nonduetting Javan Gibbons (Hylobates moloch) Function for Territorial Defense", in *International Journal of Primatology,* 38(3), pp.533~552, 2017.

Macarthur, R. and Levins, R., "The Limiting Similarity, Convergence, and Divergence of Coexisting Species", in *The American Naturalist,* 101, pp.377~385, 1967.

Maturana, H. R. and Varela, F. J., "Autopoiesis and Cognition: The Realization of the Living", in *Boston Studies in the Philosophy of Science,* Vol. 42, Springer Netherlands, 1980.

Rolston III, H., *Beauty and the Beast: Aesthetic Experience of Wildlife,* The Trumpeter, 3(3), 1986.

Tätte, K., Møller, A. P. and Mänd, R., "Towards an integrated view of escape decisions in birds: relation between flight initiation distance and distance fled", in *Animal Behaviour,* 136, pp.75~86, 2018.

2부 동물

인수공통감염병 상황에서 동물의 취약성

¶

코로나19 팬데믹의 시작은 인간과 동물의 접점에 있었다. 그러나 코로나19가 만들어 내는 공포와 불안은 인간에게 한정된 것처럼 보인다. 인간 사회에서도 코로나19의 피해가 공평하게 분산되어 있지는 않다. 사회적 약자인 장애인, 장기 요양 중인 환자, 경제적으로 안정되지 못한 사람 들이 더 큰 피해를 입었다. 그렇다면, 인간 사회에 존재하나 그 존재의 가치를 매우 제한적으로 인정받고 있는 동물들은 어떻게 살고 있을까? 동물과 인간이 함께 걸릴 수 있는 인수공통감염병이 발생했을 때 동물은 어떤 상황에 처하게 될까? 이 접점에서 인간과 동물 모두를 보호하기 위해 앞으로 우리는 어떤 변화를 시도해야 할까?

2부에서는 인수공통감염병 상황에서 동물이 가진 취약성을 이해하고 이를 해결하는 방식에 대한 논의를 정리해 보고자 한다. 우선 야생동물이지만 인간이 만든 공간에 갇혀 있는 동물원 동물과, 반려동물이라는 특별한 지위를 누리는 듯하지만 다른 한편에서는 버려지고 잊히고 죽임을 당하는 유기 동물들의 상황을 살펴볼 것이다. 사회적 거리두기로 관람객의 발길이 끊긴 동물원은 동물들에게는 뜻하지 않은 휴식을, 동물을 돌보는 사람들에게는 변화의 시간을 가져다주었다. 그동안 동물원의 동물과 인간이 지나치게 가까워 발생했던 스트레스로부터 회복되는 시간인 셈이다. 다만 동물원에도 전시되지 않는 보다 열악한 '계층'의 동물들의 사정은 더 악화되고 있다. 경제적인 손실로 동물원의 존폐를 걱정해야 하는 민영동물원의 동물들 역시 심각한 상황으로 내몰린다. 확진된 보호자의 반려견과 반려묘에게서 코로나19 감염이 확인된 이후 사람들이 공포로 인해 반려동물을 유기하거나 학대하지 않을까 우려하는 목소리가 있었다. 사람들의 관심에서 소외된 보호소의 운영상태 악화와 자원봉사자 감소를 걱정하기도 했다. 걱정했던 문제들이 나타나지 않은 것은 아니지만, 일부 보호소들은 예상치 못했던 국면을 맞고 있다. 집에 고립된 사람들에게 반려동물이 주는 위로와 유대감이 새로운 가치로 떠오르면서 오히려 유기동물 입양에 대한 관심이 늘어난 것이다. 재택근무로 반려동물과 지낼 시간이 많아진 보호자들이 동물을 돌보는 데 정성을 쏟으면서 반려동물과의 유대가 강화되는 계기가 마련되기도 했다. 사람과의 거리가 멀어지는 틈을 동물이 메워 준 셈이다.

현재까지 알려진 바로는 자연상태에서 코로나19 바이러스에 감수성이 있는 동물은 개와 고양이, 동물원의 고양이과 동물, 농장의 밍크였고 모두 사람으로부터 감염되었다. 그러나 동물은 질병의 주체로 인정받지 못한다. 동물은 병원체 그 자체로 여겨지거나, 질병으로 인한 경제적 손실, 인간에 대한 위험으로 간주되어 왔다. 질병은 동물이라는 존재의 근원적인 취약성을 더 명확하게 드러낸다. 인수공통감염병 상황에서 인간과 가축 그리고 야생동물은 위험을 공유한다. 이 위험을 파악하는 틀은 기존의 인간 전염병을 다루는 것보다 훨씬 광범위하며, 이를 관리하지 못할 경우 앞으로도 유사한 팬데믹이 계속 발생할 가능성이 높다. 또한 팬데믹 상황에서 동물원 동물과 동물보호소의 동물들, 가축 그리고 반려동물은 환자임과 동시에 자원을 공유해야 하는 존재들이다. 따라서 동물이라는 존재가 가진 취약성과 더불어 질병으로 인해 가중된 취약성을 모두 고려해야 하며, 인간 사회의 법과 제도가 사회적 약자들을 보호하듯 동물을 위한 법과 제도 역시 이 취약성을 배려해야 한다. 이 취약성을 우선적으로 배려해야 하는 곳이 야생동물의 불법포획과 밀수가 일어나는 곳, 인간과 야생동물의 예상치 못한 접점, 동물의 비인도적인 삶을 야기하는 동물체험카페임은 당연하다.

팬데믹 상황의 동물원 동물들

최태규

코로나 시대 동물원의 상황

2020년 2월 26일 기준, 한국동물원수족관협회KAZA 소속 동물원과 수족관 21곳 중 완전히 문을 닫은 곳은 8곳이고, 일부 실내 전시시설을 닫은 곳은 3곳이다. 민영동물원 8곳 중 문을 닫은 곳은 단 하나였다. 관람객의 돈으로 운영되는 민영동물원은 문을 닫는 것이 부담이다. 그에 반해 공영동물원들은 감염병의 전파가 경영악화보다 더 무서운 일이기 때문에 정부 방침에 따라 발 빠르게 움직였다. 정부방침이 사회적 거리두기에서 생활 속 거리두기로 바뀐 5월 6일부터는 공영동물원도 대부분 재개장을 실시했다.

동물원 직원의 일상

평균 두 달 반의 휴관 기간 동안 동물을 다루는 동물원 직원들의 일상은 변한 것이 없었다. 관람객은 없지만 동물을 돌보는 일은 똑같다. 사육사와 수의사는 관람객이 없는 틈을 타 동물들과 조금 더 가까이 지내거나 더 적극적으로 정기 건강검진을 할 수 있었다. 표를 팔거나 시설을 고치는 등 동물과 무관한 일을 하는 직원들은 휴가를 보내는 듯했다. 하지만 코로나19로 인한 경영 악화로 사육사를 해고하거나 강제로 무급 휴직시킨 곳들도 적지 않다. 동물을 그대로 놔둔 채 문을 닫아 버린 곳도 있다. 대구의 모 실내 동물원에서 직원 임금을 아껴서 동물 먹이를 준다는 기사가 보도되어 화제가 되기도 했다. 그러나 사람인 사육사를 해고할 정도면 동물들은 굶주리거나 죽는 등 더 심한 고통에 빠졌으리라 추측하는 것이 합리적이다. 대개 동물을 다루는 사람의 노동 조건은 기르는 동물의 삶의 질에 고스란히 영향을 끼친다. 동물원은 그 대표적인 예다. 사육사의 직업 만족도는 동물복지와 직결되기 때문이다(Carlstead 2009).

방문객이 없는 동물원의 동물복지

관람객이 없는 기간 동안 동물원에 사는 동물들의 삶의 질은 대개 조금 나아졌다. 동물원 동물의 복지를 평가하는 기준은 크게 환경과 동물의 상태로 나눌 수 있다. 환경 요소는 정상적이고 자연적인 행동을 할 수 있는 기본적인 조건, 즉 동물사의 면적, 설계, 환기, 소음, 먹이, 물 등을 말한다. 동물에 기반한 평가는 동물종과 개체의 특징에 따라 사회적 구성, 동물이 오감을 통해 느끼는 바, 동물의 행동 등을 포함하는 매우 복합적이고 유기적인 기준을 따른다. 관람객의 존재 역시 동물원 동물 복지의 주요 요소이다. 관람객의 존재는 동물들의 입장에서 예측이 불가능하고 강렬한 소음과 냄새를 동반하기 때문에 대체로 부정적인 경우가 많다(Sherwin & Hemsworth 2019). 특히 청주동물원처럼 동물과 관람객의 거리가 가깝고 동물사가 협소한 경우, 동물은 관람객으로부터 멀어지고 싶어도 그럴 선택권이 없기에 고스란히 관람객에게 노출되곤 한다. 대개 관람객들은 울타리 안에 동물이 숨을 만한 곳을 없애야 좋아하고 내실로 들어가는 문도 닫아 놔야 좋아한다. 그리고 동물이 잠들어 있는 모습을 보면 실망한다. 관람객이 '동물이 안 보인다'고 민원을 넣을 경우 대부분의 한국 동물원에서는 관람객을 교육하고 설득하기보다 미안하다는 태도를 보인다. 장사하는 동물원에서는 고객이 왕이고 공영동물원에서는 민원이 제일 두렵기 때문이다.

동물원이 휴관하는 동안 단지 관람객이 없다는 이유만으로도 동물원 동물의 일상적인 스트레스는 훨씬 낮아졌다. 코로나 대유행 때문에 문을 닫은 세계 각지의 동물원에서 귀여운 새끼들이 많이 태어났다는 보도가 지금까지도 계속 이어진다. 10년 넘게 판다의 번식을 시도한 홍콩의 동물원에서는 처음으로 판다의 짝짓기가 관찰되었다.

동물원에 사는 동물의 수가 늘어날수록 동물복지가 나빠진다는 점에서 보면, 동물원에서의 번식은 뉴스에서 호들갑을 떠는 것과는 달리 걱정스러운 측면이 있다. 청주동물원은 대부분의 동물을 중성화하거나 암수를 분리해서 번식을 제한하고 있기 때문에 휴관하는 동안 번식이 활발해질 일은 없었다. 그러나 평일에 관람객 수가 적고 월요일마다 휴관을 하기 때문에 관람객(의 밀도)에 대한 동물들의 반응 차이가 명확하게 관찰된다. 휴관하는 동안과 개장 후의 동물들의 행동도 다르다. 종에 따른 차이가 크지만, 예컨대 호랑이처럼 사람의 존재에 예민한 동물들은 관람객이 많은 날 매우 피로감을 느끼는 것처럼 보이며 내실에서 나오지 않으려고 한다. 호랑이를 방사해 기르는 백두대간수목원에서 차를 몰고 방사장으로 들어가 관람 창 근처로 호랑이를 몬다든지 전기 울타리로 관람 창 근처에만 머물도록 가둬 둔다든지 하는 이유 중 하나는, 호랑이라는 종이 대체로 관람객에게 부정적인 반응을 보여 넓은 방사장에서도 관람객이 볼 수 없는 곳에만 숨어 있기 때문이다. 얼룩말이나 과나코 같은 초식동물들은 휴관일 때 사람이 지나가면 호기심을 보이고 다가오지만, 개장 후 관람객 스트레스가 높아지면 주로 관람객 울타리에서 먼 곳에 머물고 내실에서 나오지 않는 행동도 잦아진다. 미어캣처럼 관람객에게 특별한 반응이 없는 동물들은 사람보다는 하늘의 맹금류에 훨씬 신경을 많이 쓴다. 이렇게 사람에게 무던한 성격 때문에 실내 동물원에서 '체험'용으로 각광받기도 한다.

동물원에는 전시되지 않는 동물이 사는 공간이 있다. '뒷방'이라고 부르는 공간이다. 전시할 필요가 없거나 동물의 상태가 전시에 적절하지 않은 경우 동물은 일시적으로 혹은 오랫동안 관람객과 격리되어 뒷방에서 길러진다. 이곳 동물들은 관람객으로부터 스트레스를 받지 않는다. 대신 공개되지 않기 때문에 동물을 어떻게 기르는지 감시하는 대중의 시선에서도 벗어나 있다. 그래서 뒷방에서는 동물원과 사육사가 동물을 대하는 태도가 온전히 드러난다. 어떤 동물원은 전시공간은 무척 화려하지만 뒷방은 해가 들지 않고 몸도 펼 수 없는 지하에 있다. 코로나19로 동물원들이 문을 닫고 관람객의 눈이 없는 틈을 타 뒷방처럼 동물원의 숨겨진 취약한 부분들의 상황은 훨씬 나빠진 것 같다.

동물원과 동물원 동물에게 위협적인 코로나19

장기화된 동물원의 휴관은 동물들에게 잠재적인 위협이 된다. 런던동물원 같은 세계적으로 유명한 동물원들의 인스타그램에는 연일 "우리 동물들은 안전하게 살고 있다. 그러나 관람이 중단되면서 경제적으로 어려움을 겪고 있다. 제발 도움을 부탁드린다"는 메시지가 올라왔다. 이들 동물원들은 동물들의 영상과 사육사의 설명으로 간접적으로라도 동물원 관람을 시키고 모금을 촉구하는 방법을 택했다. 규모가 큰 동물원들임에도 대부분이 입장료와 후원금에 의존하는 민영동물원이기 때문에 오히려 한국의 공영동물원들보다 더 동요하는 모습이었다. 독일의 노이뮌스터 동물원은 입장료가 끊겨 동물의 먹이 비용을 마련할 수 없는 최악의 경우 임의로 정한 순서대로 동물을 안락사시켜 먹이로 쓰겠다는 계획을 발표해 논란을 일으키기도 했다. 끔찍한 일이지만 아무 계획 없이 동물원 문을 닫고 동물들을 서서히 굶겨 죽이는 것과 비교하면 오히려 상식적일 수 있다.

한국의 영리 목적 동물원들도 언제 문을 닫고 동물들을 헌신짝처럼 버릴지 모른다는 우려는 이미 영세한 민영동물원에서부터 현실화되고 있다. 「한겨레21」 보도에 따르면, 모 민영동물원에서는 동물 먹이양을 절반 가까이 줄였고 그 이후 동물들이 계속 죽어 나가고 있다. 또 다른 실내 동물원은 폐업을 했는데 폐업 후 전시장에서 국제적 멸종위기종 15종을 포함해 17종 26마리의 사체가 발견되었다고 한다. 어떤 동물원에 어떤 동물이 얼마나 있는지도 모르는 현 상황에서는 동물원의 폐업으로 얼마나 많은 동물이 죽임을 당하는지도 알 방법이 없다. 폐업하는 동물원에서 일거에 방출되는 동물들이 많아서 동물 거래 가격도 폭락했다. 가축시장과 마찬가지로 가격이 떨어진 동물의 안위는 더 불안해진다.

동물에 대한 또 하나의 위협은 인간에게서 동물원 동물로의 감염병 전파이다. 뉴욕의 브롱크스 동물원에서는 호랑이와 사자가 사육사로부터 코로나19 바이러스에 전염되었다. 사람에게서 코로나바이러스가 전염된 이들 동물이 다시 사람을 전염시킬 수 있는지에 대한 증거는 아직 없다. 그래서 다행히 이 동물들은 살처분되지 않고 살아남아 건강을 회복했다고 한다. 그러나 동물의 목숨은 과학적 근거가 없더라도 정치적 이유나 산업의 논리 그리고 여론에 의해서 쉽게 좌지우지된다. 아프리카돼지열병의 전파를 막는다는 이유로 경기, 강원 지역의 돼지뿐 아니라, 전혀 상관없는 제주도의 멧돼지까지 솎아 낸 것이 그 전형적인 예이다. 한국에서 동물원 동물이 코로나19 바이러스에 감염된다면 그 동물은 물론 그와 함께 사는 동물들이 예방적 살처분을 당하지 않으리라는 보장은 없다. 그래서 동물원 동물에게는 새로운 질병 발생 자체가 위협이 될 수 있다.

변화 에너지로서의 재난

코로나19 대유행은 유례없는 감염병 재난이다. 재난은 언제나 사회적 변화를 불러온다. 새뮤얼 헨리 프린스Samuel Henry Prince는 그의 책 『재난과 사회적 변화*Catastrophe and Social Change*』(1920)에서 "위기라는 단어는 최고점과 분리의 시점, 어떤 식으로든 변화가 임박한 순간을 뜻하는 그리스어에서 기원했다"고 말한다. 인간의 야생동물 서식지 침범과 기후변화, 교통수단의 발달로 촉발된 코로나19는 야생동물로부터 인간으로의 바이러스 전파가 전 세계를 뒤흔들 수 있다는 위기의식에 정점을 찍고 있다. 과학자들이 진즉부터 경고해 오던 일이지만 사회정치적으로 그것을 받아들이는 것은 재난을 통해서다. 사람의 손으로 야생동물을 기르는 기관인 동물원은 그 존재의 의미부터 흔들리고 있다. 이 사회는 동물원을 더 이상 동물을 함부로 이용하는 오락시설로 내버려 둘 수 없게 되었다. 사람이 집단으로 모이는 장소에 야생동물을 가두어 구경시키는 일이 공중보건학적으로 너무 위험한 일이 되었기 때문이다.

동물원을 대하는 국가의 태도 변화

한국은 가축전염병을 막기 위해 해외에서 들여오는 육가공품까지 잡아내면서도 산 채로 유입되는 야생동물의 검역은 사실상 하지 않고 있다. 포유류의 경우 5일간 계류시킨 뒤 동물의 증상을 관찰하고 이상이 없으면 통과시키도록 되어 있는데, 이마저도 계류 공간이 마땅찮으면 동물원

검역장에 수입한 야생동물을 넣어 놓고 그저 한 번 보고 끝내는 것이 지금의 검역 시스템이다. 그간 환경부에서는 매년 인사이동을 하는 사무관 1명에게 전국 100개 이상의 동물원 업무를 맡겨 놓았다. 사실상 동물원의 전시 동물에 대해 관리를 한 적이 없는 셈이다. 야생동물카페나 실내 동물원 같은 소규모 전시 시설에서는 어떤 동물이 얼마나 있는지, 어디로 팔려 나가는지도 알지 못한다. 동물복지는 고사하고 공중보건에도 심각한 구멍이다. 서울이 우한보다 인수공통감염병으로부터 안전하다는 증거는 없어 보인다.

문재인 정부는 지난 2020년 6월 3일 국무총리 주재로 열린 국정현안점검 조정회의에서 '해외 유입 야생동물 관리체계 개선 방안'을 심의·확정했다고 밝혔다. 동물원도 해당 법을 허가제로 바꿔서 관리를 하겠다고 뒤늦게 시동을 걸었다. 동물보호단체가 동물원법을 만들기 시작할 때부터 주장했지만, 동물원 업계의 이익을 더 우선시하는 바람에 허수아비 법을 만들었던 과오를 이제야 반성하는 것 같다. 코로나19가 야생동물에서 유래했다는 점이 널리 인식되고, 한국 정부가 야생동물에 대한 정보도 관심도 없다는 사실이 문제가 되면서 그나마 일거리를 만드는 데 두려움이 적은 국무조정실이 움직였다. 야생동물로 인한 감염병 예방을 위해 환경부, 농식품부 등 6개 관계 부처의 힘을 모았고 민간 전문가를 불러서 '수입허가, 검역·통관, 시중유통, 질병관리' 4단계에 걸친 개선 방안을 마련했다. 동물복지가 빠진 것은 아쉽지만, 인간의 아우성도 성가신 민원에 지나지 않는 한국 공무원들에게 동물들의 비명은 아직 귀에 들리기 어려울 것이다. 환경부는 국립생태원에 동물원 허가 및 관리기준을 마련하기 위한 용역을 지시했다. 생태원은 다시 외부의 전문가에게 동물원 방안을 맡겨 전국 16개 동물원의 동물복지를 조사한다고 한다. 최초로 사육사 인터뷰도 하고 동물사에 직접 들어가 샘플 채취도 할 계획이라고 하니 반갑지만 우려도 있다. 동물원 동물복지 평가 지표는 이미 해외에서 다양하게 개발되었는데 굳이 '한국형' 동물복지를 해야 한다고 고집하는 건 아닐지 한편으로는 걱정이 되기도 한다.

어쨌든 지금까지의 맥락을 생각해 보면 국가가 동물원을 대하는 태도는 획기적으로 바뀌고 있다. 지방자치단체에만 책임을 떠넘겨 왔던 지난날과는 달리, 환경부가 관할 부처로서 지휘를 시작했고, 국립생태원은 환경부로부터 새로 생기는 동물원 관련 업무를 하달받고 있다. 환경부에도 국립생태원에도 동물원 전문가라고 할 만한 사람이 없는 것이 문제지만 시작치고는 의욕적이다. 100개가 넘게 신고되어 영업하는 동물원들과 법적인 업종도 정해져 있지 않은 야생동물카페는 이미 경영악화로 문을 닫고 있지만, 앞으로 일정 기준에 미치지 못하는 곳들은 애초에 허가가 나지 않을 듯하다. 야생동물을 괴롭히던 동물원들은 이제 코로나19로 인해 괴로움을 겪을 예정이다.

공영동물원인 청주동물원에서의 변화

청주동물원에서는 동물건강검진 항목에 코로나19와 일명 살인진드기라고 부르는 중증열성혈소판감소증후군

SFTS을 새롭게 포함시켰다. 야생동물의 인수공통감염병 전파에 대한 사회적 우려의 영향이다. 코로나19 바이러스 감염 검사는 동물과 관람객의 접촉 가능성이 높은 동물사에 살거나 해외에서 감염 사례가 보고된 동물들을 대상으로 했다. (그러나 외부의 검사기관이 부담을 느껴 검사 결과를 발표하지 못하고 있다.) 중증열성혈소판감소증후군의 경우, 전국의 야생동물과 가축, 반려동물에서 항원이 검출되고 있는데, 야생동물과 관람객의 접촉 가능성이 있는 동물원 동물은 동물원의 입장 때문에 검사 자체가 거의 이루어지지 않고 있다. 청주동물원 역시 부담을 느끼기는 했지만 코로나19 대유행으로 조만간 동물원의 인수공통감염병 통제가 주요 의제가 될 것이라 예상했기에 선제적으로 대응하기로 했다. 관람객이 없는 기간 동안 이런 고민을 할 기회와 책임이 생겨났다. 동물의 먹이 비용을 생각하지 않아도 되고 직원의 해고를 걱정하지 않아도 되는 공영동물원이라서 가능한 일이었다.

일상적인 동물들의 건강관리가 더 중요해졌지만 건강검진을 할 때마다 동물이 괴로운 절차를 거쳐야 하는 단점이 있었다. 그래서 긍정강화훈련을 통해 건강검진 시 마취 부담을 줄이고 동물과 사람의 스트레스도 줄이기로 했다. 대형 동물원들에서는 이미 시행하던 일이었지만, 사육사와 수의사가 모두 긍정강화훈련에 참여하기로 한 것은 지방의 작은 동물원에는 큰 변화였다. 또 청주동물원에서는 이 재난을 활용해 더 크게는 동물원이라는 이 기관을 토종 야생동물 생추어리(보호구역)로 바꾸기로 했다. 생물다양성, 동물복지, 공중보건, 교육, 연구 등 동물원의 지향점을 고려하면 동물원의 공공성은 더욱 강조되어야 할 것이다. 동물원은 장사를 하는 곳이 아니라 동물을 포함한 공공의 이익을 위한 기관이 되어야 한다. 그러나 지자체의 인식 수준만으로는 이 부분이 강조되기 어렵기에 중앙정부와 시민단체의 역할이 반드시 필요하다.

맺음말

관람객의 존재가 잠깐 사라진 동물원은 마치 코로나19 대유행으로 미세먼지가 사라진 하늘 같았다. 불가능할 거라고 지레 겁먹고 포기했던 것들이 아무렇지 않게 현실이 되었다. 자동차를 그렇게 많이 타지 않아도 괜찮았고 공장이 멈춰도 세상이 무너지지 않았다. 물론 지속 가능한 일자리가 멈춰 버린 공장의 일자리를 대체해야 할 것이다. 동물보호단체가 아무리 애를 써도 계속 늘어날 것만 같았던 실내 동물원과 야생동물카페, 브레이크 없는 열차처럼 질주하던 야생동물 착취산업은 야생동물이 옮긴 바이러스 때문에 순식간에 엄청난 타격을 입었다. 무척 다행스러운 일이기는 하지만, 사회정치적으로 중요한 결단과 실행이 뒷받침되지 않는다면 언제든지 고통스러웠던 예전으로 돌아갈 것이다. 리베카 솔닛Rebecca Solnit은 『이 폐허를 응시하라』에서 카트리나처럼 전력공급을 중단시킨 재난 속에 공해가 사라져 사람들이 은하수를 볼 수 있게 된 상황을 다음과 같이 설명했다. "현대적 의미에서 정전이라는 재난은 불행이지만, 이 오래된 천체들의 재출현은 이와 반대다. 재난은 지옥을 관통해 도달하는 낙원이다." 우리는 팬데믹을 겪으며 인간과 야생동물이 공존하는 방법을 실천으로 결정할 수 있는 절호의 기회를 맞고 있다. 이제는 동물원에 갇힌 동물들을 적절한 거리에서 존중할 차례다.

참고문헌

리베카 솔닛, 『이 폐허를 응시하라』, 정해영 옮김, 펜타그램, 2012.

Carlstead, K., "A comparative approach to the study of Keeper-Animal Relationships in the zoo", in *Zoobiology*, 28-6, 2009, pp.589~608.

Prince, S. H., *Catastrophe and Social Change: Based upon a Sociological Study of the Halifax Disaster*, Columbia University Press, 1920, p.16.

Sherwin, S. L. and Hemsworth, P. H., "The Visitor Eect on Zoo Animals: Implications and Opportunities for Zoo Animal Welfare", in *Animals*, 9, 2019, p.366.

참고기사

이심철, "코로나로 문닫은 대구 동물원…사자 말라가고 수달 폐사"(2020년 4월 14일 작성), TV조선.

장수경, "밥이 없어 동물원이 동물을 죽인다고?"(2020년 4월 24일 작성), 한겨레21, 1310호.

Barden, B., "Coronavirus: Pandas mate in lockdown at Hong Kong zoo after ten years trying"(2020년 4월 7일 작성), BBC.

"Coronavirus: German zoo may have to feed animals to each other"(2020년 4월 14일 작성), BBC.

팬데믹 상황의 보호소 동물들

조윤주

최근 버려지는 반려동물이 늘어난다는 기사가 보도되면서 코로나19로 닥친 경제적 어려움이 반려동물의 양육을 포기하는 원인으로 지목되었다. 그 기사는 형편이 어려워질 때 가장 먼저 선택하는 일이 반려동물 유기라고 가정하고, 경기가 나빠지면 양육을 포기하는 사례가 속출하는 것으로 결론을 내렸다. 과연 코로나19가 키우던 반려동물을 버리게 하는 상황을 만들었을까?

코로나19 탓에 버려지는 반려동물이 늘어난다?

경기가 나빠지며 경제 사정이 어려워진 가구가 양육을 포기하는 사례가 늘고 있다고 보도된 A지역 동물보호소의 연간 입소 자료를 동일 기간(1~7월) 기준으로 확인해 보았다. 2017년 951마리, 2018년 951마리, 2019년 896마리에서 2020년 1,005마리로 해당 지역의 유실·유기견 수가 늘어난 것은 사실이다. 그러나 특기할 점은 2020년의 유실·유기견 중 믹스견이 전년인 2019년 대비 53퍼센트 증가했다는 것이다. 이 지역의 믹스견은 주로 마당에서 키우는 일명 누렁이고 유실·유기견 중에는 이 마당개의 새끼들이 많았다. 이에 반해 소형 품종견(말티즈, 푸들, 시츄, 포메라니안)의 입소는 2019년 대비 32퍼센트가 감소했다.* 코로나19로 반려동물 유기가 늘었다고 보도한 다른 기사에서 언급된 또 다른 광역시를 살펴보자. 1~7월 자료 기준으로 2017년 1,543마리, 2018년 1,832마리, 2019년 1,684마리, 2020년 1,134마리로 유실·유기견의 수가 감소하는 추세이며 2020년에도 역시 줄어드는 추세를 보였다. 이 중 믹스견은 2019년 대비 13퍼센트 감소한 반면, 소형 품종견(말티즈, 푸들, 시츄, 포메라니안)의 입소는 2019년 대비 52퍼센트가 감소했다.** 비교적 마당개가 적은 서울 역시 1~7월 자료 기준으로 보면 2017년 3,255마리, 2018년 3,234마리, 2019년 2,650마리, 2020년 2,119마리로 지속적인 감소세를 보였다. 믹스견이 전년 대비 11퍼센트 감소한 것뿐만 아니라 소형 품종견은 29퍼센트 감소했다.*** 이러한 수치를 통해 보더라도 코로나19로 인해 반려동물이 버려진다고 단정지을 수 없다.

국내에서 수집 가능한 유실·유기동물의 수는 동물보호

* 2020년 12월말 기준으로는 전년 대비 소형품종견 32% 감소, 믹스견 25% 증가

** 2020년 12월말 기준으로는 전년 대비 소형품종견 48% 감소, 믹스견 18% 감소

*** 2020년 12월말 기준으로는 전년 대비 소형품종견 33% 감소, 믹스견 18% 감소

관리시스템animal.go.kr*을 통해 확인할 수 있는데, 이곳의 기초 데이터를 통해서는 믹스견의 세부적인 구분을 할 수 없는 한계가 있다. 보호소에 동물이 입소하게 되면 개체관리카드를 작성하고 이때 동물의 품종을 기입하게 된다. 실내에서 기른 동물로 추정되지만 품종 리스트에서 선택하기 어려울 정도로 잡종인 개는 믹스견으로 분류되고 누렁이, 백구 등으로 부르는 마당에서 목줄에 묶여 사육되는 마당개도 믹스견으로 분류된다. 동물보호관리시스템에 기록된 자료를 통해 입소하는 동물의 나이와 체중, 사진 자료를 비교해 보면 실내 잡종견과 마당개를 대략 구분할 수 있다. 도농복합지역의 믹스견에는 마당개가 확연히 많으며, 이런 마당개의 구조와 보호는 오히려 유실·유기견 수 증가로 이어질 수 있다. 통계로 보면 전국에서 유실·유기견이 증가하는 뚜렷한 원인은 마당개의 증가다.

마당개는 과연 반려견으로서 대우를 받고 있을까. 인간과 서로 친구 또는 가족으로서 생활을 함께하며 정서적으로 의지하는 동반자 관계에 있는 것이 반려견이라면, 현재 마당개는 반려견이 아니다. 그러나 우리나라의 동물보호통계 자료에는 자유롭게 번식해서 수를 늘리지만 수요가 없으면 버려지는 마당개의 숫자가 반려견의 유실·유기 숫자에 포함되어 보고된다. 마당개의 사육환경은 일반적인 반려견의 사육환경과 다르다. 농가에서 중성화 수술이 되지

* 동물보호관리시스템은 지방자치단체의 직영 또는 위탁 운영중인 동물보호소의 구조·보호 동물에 대한 정보를 공개하고 있다. 고양이의 입소현황은 구조된 길고양이의 수치가 혼용되어 있어 본 원고에서는 개의 입소현황만 다루기로 했다.

않은 채 마당에 묶인 암캐는 돌아다니는 수캐와 교미를 하고, 태어난 새끼는 입양되거나 처리할 곳이 없으면 상자째로 버려져 폐사하거나 동물보호소에 구조되어 안락사된다. 재래시장에서 동물을 판매하는 데 제동이 걸린 것도 동물보호소로 들어오는 1살 미만 마당개의 수치가 증가한 원인이다. 이로 인해 2015년 이후 매년 유실·유기견의 수는 계속해서 증가하고 있다. 최근 동물보호소에 마당개가 폭발적으로 증가하고 있는 이유를 살펴보고 마당개 사육방식을 고민할 때이다. 그러나 코로나19 이후 언론은 유실·유기견 수가 증가하는 원인을 코로나19 탓으로 돌리고 보호자의 책임감 부족과 경제적인 능력 부족 등으로 반려동물의 양육 포기가 일어난다고 말한다. 그리고 대개는 충동적인 입양을 지양하고 심사숙고할 것을 강조하며 미래의 훌륭한 반려인이 될 수도 있는 입양 희망자에게 부담감을 주는 것으로 끝을 맺는다. 코로나19의 혼란 속에서 반려동물과 인간과의 관계는 우리가 생각하는 것보다 훨씬 끈끈하게 연결되어 있다. 또한, 이러한 흐름은 동물보호소에서 새로운 반려인을 기다리는 동물들에게도 다시 못 올 기회가 될 수 있을 것이다.

코로나19로 오히려 반려동물 가족이 늘어나고 있다

국내 지자체에서 운영하는 한 동물보호소에서는 코로나19로 반려동물의 입양이 늘어나 전년 대비 2배 이상의 입양

률을 보이고 있다.* 이러한 현상은 국내뿐만 아니라 국외에서 더욱 뚜렷하게 나타나고 있다. 특히 미국은 동물보호소에서 코로나19 대응체계를 만들어 나가며, 보호소 동물 대부분을 입양시키거나 임시보호하는 데 집중하고 있다. 모두가 예상했듯이 코로나19로 인해 기부와 후원이 줄어들고 자원봉사는 거의 불가능했기에 동물을 돌볼 인력과 자원이 부족할 수밖에 없었다. 이 때문에 그동안 동물보호소에서 진행했던 중성화수술 및 저소득층 대상 치료 업무는 최소한으로 줄이고 동물보호소마다 유기적으로 얽혀 있는 기증·운송서비스도 대폭 줄여 나갔다.** 그러나 이러한 위기 상황에 입양을 희망하고 임시보호를 자처하는 시민들이 늘어나면서 코로나19는 보호소 동물에게 새로운 국면을 열어 주었다.***

재택근무나 자가격리의 경험은 평소 반려동물을 키우고 싶어 했던 사람들이 입양을 결정하게 하는 계기가 되었다. 또 동물보호소의 운영이 정상적으로 이루어지지 못했기 때문에 임시보호를 통해 보호소의 동물을 돌봐 주는 재택 자원봉사도 늘어났다. 미국의 동물보호소 입양 절차는 우리나라에 비해 간결하고 신속하다. 우선 주거환경을 확인하여 활력 수준이 적절한 동물을 추천하거나, 가족구성원을 확

* 김연수, "코로나19로 '유기견 입양' 증가...경기도 도우미견 나눔센터 직접 가봄!" (2020년 8월 2일 작성), 해피펫.

** UCDAVIS Koret Shelter Medicine Program, "Animal Services' Role in COVID-19 Support"(2020년 4월 30일 작성).

*** ASPCA COVID-19 Information Hub, https://www.aspcapro.org/left-navigation/aspca-covid-19-information-hub

인하여 어린이, 어르신과도 어울릴 수 있는 동물을 추천하는 등 서로에게 어울리는 조합을 찾는다. 입양 신청서는 서로의 안전을 보장하기 위한 질문으로 구성되어 있으며, 입양 신청자의 자질 및 경제적인 각오를 묻는 추상적인 질문은 찾아보기 어렵다. 다만 입양 이후의 관리가 체계적이어서 입양자와 반려동물의 관계를 개선하기 위해 다양한 프로그램과 교육을 진행하며, 관계가 적절하지 않다고 판단할 경우에는 파양에 대해서도 부정적이지 않다. 파양을 최대한 막기 위해 교육과 지원을 하지만, 파양을 실패로 보지 않고 입양자와 반려동물에게 더 나은 선택이 무엇인지 판단하는 하나의 절차로 인식한다.

이번 코로나19로 동물보호소의 입양과 임시보호가 늘어날 수 있었던 데도 이러한 개방적인 입양 정책이 큰 역할을 했다. 심지어 온라인 입양이라는 비대면 입양 신청 방식을 고안하여 잠재적 입양자를 놓치지 않기 위한 새로운 방법을 모색했다. SNS를 통한 실시간 방송이나 화상회의 애플리케이션을 이용해 보호소 동물의 모습을 공개하고 입양을 홍보하기도 했다. 비대면 입양 방식으로 파양률이 증가하지 않을까 하는 우려가 있었지만, 파양을 대면 입양 방식에서도 충분히 일어날 수 있는 과정 중 하나라고 인식했기에 가능했던 일이다. 대신 입양 후 최소 3회 이상(예컨대 입양 후 3일, 3주, 3개월) 입양 가정에 연락하여 동물이 새로운 가족의 일원으로 잘 적응하고 있는지를 확인하고 있다. 비대면 교육 콘텐츠를 제공하고 임시보호자 사전교육을 통해 인력풀을 계속 늘리고 있으며, 입양 이후 정착을 위해 필요한 교육도 제공한다.

국내 동물보호소 역시 자원봉사를 제한할 수밖에 없었지만 지자체 동물보호소뿐만 아니라 사설 동물보호소에도 여전히 동물들은 넘쳐난다. 국내 동물보호소에서는 입양 신청자가 사전교육을 거치고 여러 차례 면담을 진행하고 나서야 비로소 동물을 데려갈 수 있다. 지금껏 고수해온 입양 절차를 간소화하자니 좀 더 준비된 입양 신청자를 찾지 않으면 혹여나 입양 간 동물들이 불행해지지는 않을까 불안하다. 그러나 입양 희망자와 임시보호 희망자 들을 파양하지 않을 사람, 책임감을 갖춘 사람, 교육을 수료한 사람 등으로 나누느라 너무 많은 시간을 보내는 동안 동물보호소의 동물들은 과밀 사육으로 인한 스트레스와 부실한 관리 때문에 질병에 노출되거나 심하면 폐사에 이르기도 한다. 또 임시보호를 맡기기 위해서는 사전에 임시보호자를 교육해 언제든지 동물보호소의 동물을 보살필 수 있는 집단을 미리 확보해야 한다. 그러나 우리나라는 마침 이 제도를 개발하고 정착시키려 할 때 코로나19 상황을 만나게 됐다. 동물보호소 담당자로서는 아직 시행착오 단계에도 이르지 못한 제도 앞에 소극적일 수밖에 없지만 머뭇거리기보다는 계속 시도하고 개선점을 찾아야 할 것이다.

집안에서 보내는 시간이 늘면서 평소에 반려동물 입양에 관심을 가지고 있던 사람들의 문의가 늘었다. 높은 입양 성공률로 유명세를 탄 국내 한 동물보호소는 입양 절차를 비교적 간소화하고 파양에 대해서도 적극적으로 수용한다. 이 보호소는 입양 대상 동물의 기본적인 성향파악 및 기초

교육을 실시하여 입양 희망자와 어울릴 만한 동물을 소개하는 프로그램을 가지고 있다. 또 예비 입양견들에게 예방접종과 동물등록을 실시하고 무분별한 개체수 증가를 막기 위한 중성화 수술도 미리 진행한다. 파양에 대한 걱정으로 머뭇거리는 사람에게는 2주간의 예비 입양 기간을 제공하여 서로가 어울리는 가족이 될 수 있을지 알아보는 시간을 갖게 했다. 이 동물보호소는 입양을 자격심사가 아닌 즐거운 만남으로 변화시켰고, 그 결과 다른 곳들이 코로나19로 대면 입양을 중지한 2020년 상반기에도 한 달에 60마리 이상의 보호소 동물을 입양시킬 수 있었다. 보호소의 동물을 입양 희망자에게 떠넘긴다는 비판에도 불구하고 만남의 기회를 늘림으로써 코로나19 상황에 보호소 동물의 생존율을 높이는데 효과를 발휘한 셈이다. 우리가 인간-동물 관계에 대한 고정된 관념을 갖고 있는 건 아닌지 다시 한 번 생각해 볼 때다.

코로나19로 인한 반려동물 양육 포기의 위험

코로나19 바이러스에 양성반응을 보이는 반려동물이 보고되면서* 국내 반려동물 보호자들도 큰 충격에 빠졌다. 심지어 반려동물이 사람에게 코로나19를 옮길지 모른다는 불

* OIE: World Organization for Animal Health, "Questions and Answers on COVID-19".

안감 때문에 키우던 반려동물을 포기하는 사례가 나오지는 않을까 사회적으로 우려되기도 했다. 반려인이 코로나19에 감염되어 격리되거나 입원하면 키우던 반려동물을 어디에 맡기느냐도 문제였다. 국내 반려인들의 불안에 대해 관계기관은 '반려동물은 코로나19를 사람에게 옮기지 않는다'고 형식적으로 답했다. 그러나 정작 반려인들이 가장 크게 걱정하고 불안해하는 문제는 자신이 확진자가 되어 입원 치료로 격리되면 반려동물을 관리할 방법이 없다는 것이다.

코로나19 바이러스에 양성반응을 보이는 반려동물의 사례가 국내에 보고된 후 정부와 지자체는 코로나19 확진자의 반려동물을 격리하는 시설을 확보하기 위해 후보 장소를 물색하기 시작했다. 호흡기 전파가 의심되는 동물을 격리할 수 있는 격리실, 특히 개와 고양이를 격리할 수 있는 생물안전등급동물실ABSL은 국내에서 찾아보기 힘들다. 반려견에서 첫 감염 사례를 확인한 홍콩 농림수산환경국AFCD은 코로나19 확진자의 반려동물을 검역소에서 돌보며 SARS-CoV-2 감염 여부를 검사할 것을 권장했다*. 약 45일 동안 개 30마리, 고양이 17마리, 햄스터 2마리를 격리해 검사를 시행한 결과 개 2마리와 고양이 1마리에서 감염이 확인되었으며 임상증상은 보이지 않았다. 홍콩의 사례처럼 반려동물을 방역의 대상으로 간주한다면 낯선 공간에서의 격리와 잦은 빈도의 검사로 동물은 극심한 스트레스를

* AVMA, "In-depth summary of reports of naturally acquired SARS-CoV-2 infections in domestic animals and farmed or captive wildlife"(2020년 6월 8일 작성).

받을 것이다. 뿐만 아니라 2주 이상 격리할 공간과 검사를 위해 필요한 인력과 그에 따르는 예산을 투입하는 것은 반려동물에서 보이는 전파력에 비해 현재로서는 과도한 관리 방식이라고 생각된다.

다행히 국내 지방자치단체에서는 확진자의 반려동물을 주변에서 보호해줄 수 없는 경우에 대비해 환자가 치료에 전념할 수 있도록 임시보호소를 지정하고 있다. 코로나19에 감염되어 입원했거나 격리된 사람 중에서 키우던 반려동물을 맡길 곳을 찾지 못한 경우에 한정해 동물보호소, 입양센터와 같은 시설을 지정해 입소할 수 있게 한 것이다. 또 동물보호단체는 입원과 격리가 확인된 보호자에게 반려동물 사료 등의 물품을 긴급 지원하는 활동도 진행하고 있다.

코로나19에 감염된 보호자로부터 반려동물을 분리하고자 할 때는 고려해야 할 세 가지가 있다. 첫째, 이전 재난 상황에서 반려동물을 키우는 보호자가 가족구성원으로 여기는 반려동물을 지키기 위해 위험을 무릅썼던 사례들이 있었음을 고려해야 한다. 코로나19로 인해 반려동물과 분리되어야 하는 상황에서 보호자는 증상을 숨기거나 유증상자와의 접촉을 숨기는 등 방역에 협조하지 않을 수도 있다. 둘째, 반려동물은 인간에게 정신적, 신체적으로 긍정적인 영향을 미치고 동반자 관계를 형성해 불안감을 줄이는 역할을 한다. 만약 이러한 반려동물과 분리되었을 경우 인간과 동물 모두 사회적 고립으로 인한 두려움, 분노, 스트레스를 겪게 될 것이다. 셋째, 국내 동물보호소 역시 운영이 원활하지 않기 때문에 이곳에 확진자의 반려동물을 방역 차원에서 격리하기 위해서는 시설 운영 방식의 변화 및 격리실 확보와 같은 준비가 필요하다. 최근 빠른 속도로 코로나19 환자가 늘어나면서 음압 병동의 부족과 의료진 부족으로 병원 기능이 마비되고 구성원들이 스트레스가 증가하며 치료 효율이 감소하는 현상이 일어나고 있다. 관리능력capacity for care, C4C을 초과한 동물이 입소하게 되면 동물보호소도 마찬가지다. 밀집사육으로 인해 동물의 스트레스가 증가하고 직원의 피로도가 상승하면 사양 관리의 수준이 떨어지면서 동물의 질병 발생률 증가와 생존율 하락으로 이어지게 된다.

아직까지 반려동물이 사람에게 코로나19 바이러스를 전파한다는 과학적인 근거는 없기 때문에 불확실한 가정에 불안해하며 키우던 반려동물의 양육을 포기하거나 확진자의 반려동물을 무조건 격리해 보호할 필요는 없다. 다만 코로나19가 동물에게 영향을 미치는 방식에 관해 더 자세히 알 때까지는 가족구성원 간의 감염 예방 수칙과 동일한 방법으로 반려동물을 대해야 한다.* 반려동물끼리도 사회적 거리두기를 실천해야 한다. 가능하면 고양이는 실내에만 머물게 하고 개를 산책시킬 때는 목줄을 이용하여 타인과 2미터 이상 거리를 유지하도록 한다. 많은 사람이 모이는 공공장소와 반려견 놀이터 등의 방문을 자제하여 잠재적인 위

* Center for Disease Control and Prevention, "Public Health Guidance: Households with Pets"(2020년 4월 23일 작성).

험에 노출되지 않도록 해야 한다. 반려동물을 키우는 보호자는 코로나19에 대비할 때 반려동물에 대한 계획도 함께 세우는 것이 좋다. 평소에 임시로 돌봐줄 수 있는 가족 또는 지인을 확보해야 하며, 반려동물의 임시보호에 필요한 사료, 간식, 장난감, 생필품, 질병 정보와 같은 특이사항 등을 사전에 정리해서 비상시 혼란을 최소화할 대비를 해야 한다.

포스트 코로나 시대의 반려동물

코로나19로 인해 반려동물과 인간은 본의 아니게 더 많은 시간을 같이 보내게 되었다. 사회적 거리두기는 인간과 개처럼 사회적인 동물이 견디기 매우 어려운 고난이다. 이 과정에서 신체적이고 정신적인 상호작용을 통해 이 둘의 유대감이 향상된 것으로 보인다. 보호자가 집에 있는 시간이 늘어나면서 반려견은 더 많은 산책의 기회를 얻었고 반려묘도 보호자에게 사랑받는 시간이 늘었다. 또한 우려와는 달리 반려동물을 입양하고자 하는 시민들이 늘어나면서 보호소의 동물들도 반려동물이 될 기회를 얻을 수 있게 되었다. 코로나19가 가져온 여러 가지 어려움 때문에 반려동물의 양육 포기가 이어진다고 성급하게 기사화하기 전에, 사회적 거리두기로 삭막해진 인간 세상에 새로운 관계들이 늘어간다는 긍정적인 소식들을 알리는 것이 어떨까.

코로나19가 반려동물 양육 포기의 결정적인 이유가

되지 않도록 하는 것도 중요하다. 확진자 반려동물의 관리를 개인의 책임으로만 돌리지 않고 임시보호소를 주선해 치료 기간 동안 사회가 함께 지원해 주는 제도의 정착이 필요하다. 또한 동물보호소는 인력 부족과 사회적 거리두기의 강화로 인해 보호소 동물의 복지와 생존율이 감소하는 데 대비할 방안을 마련해야 한다. 보호소에 입소하는 조건을 강화하여 다치거나 아픈 동물, 공중보건에 위해를 가하는 동물을 우선 입소시키고 건강하거나 어린 개체는 신속한 입양과 임시보호를 추진함으로써 보호소의 동물 수를 줄이고 필수적인 지원에 집중할 수 있는 체제를 만들어야 한다. 이를 통해 인간으로부터 격리된 보호소 동물이 코로나19로 인해 더욱 고립되는 것이 아니라 인간의 곁으로 한걸음 다가와 사회적 거리두기에 지친 우리에게 위안이 될 수 있을 것이다.

감염병 환자로서의 동물

팬데믹 상황의 가축

천명선

인수공통감염병zoonosis은 (척추)동물이 인간에게 옮기는 전염병으로 정의된다.* 이 단어에는 동물도 그 질병에 걸리는지, 아니면 단순히 질병의 병원체를 전달하는지, 동물에게는 어느 정도 치명적인지에 대한 정보는 포함되어 있지 않다. 병원체의 유전 정보를 추적할 수 있는 기술이 있음에도 불구하고 인간은 동물의 감염병에 대해 여전히 제한된 정보만을 가지고 있다. 정확히 표현하면 인수공통감염병은 다종의 동물 사이에 서로 전파가 가능한 감염병multi-species communicable disease이고, 그 다종의 동물에는 인간이라는 종이 포함되어 있다. 그리고 이런 다종 감염병은 인간이라는 종이 번성하기 전부터 존재했을 것이다.

코로나19와 같은 인수공통감염병은 어느 날 갑자기

* 세계보건기구WHO의 인수공통감염병 정의는 다음과 같다. "A zoonosis is any disease or infection that is naturally transmissible from vertebrate animals to humans."(2020년 7월 29일 작성), https://www.who.int/topics/zoonoses/en

창조된 재앙이 아니다. 그러나 인간이 동물의 범주에서 스스로를 차별화해 온 역사에서 보면 인간은 동물과의 병원체 공유를 인정하는 것 자체를 불결히 여겨 왔다. 감염병의 유행은 언제나 인간 사회의 취약성을 드러낸다. 예를 들어 중세 유럽의 팬데믹인 페스트로 당시 인구의 30퍼센트가 넘게 사망했다. 경제 기반이 무너지고 종교는 의미를 잃었다. 사람과 제도에 대한 신뢰는 바닥에 떨어졌다. 사람들은 두렵고 절망적인 상태에 빠졌다. 페스트의 감염력과 치명률이 높기 때문이기도 했지만, 질병으로 인해 무너진 사회에서 사람이 더 이상 사람 같이 느껴지지 않을 만큼 인간 세상의 윤리가 무너졌기 때문이다. 즉 이들은 인간이 금수와 같아졌다고 생각했다. 그렇기에 동물로부터 인간으로의 질병 전파contagion from below는 끔찍한 일이다(Stoppino 2014). 하등한 동물로부터 병원체를 옮겨 받는다는 것은 인간과 동물의 견고한 경계를 무너뜨리는 일이다. 그래서 인간에게 치명적인 질병을 공유하는 동물은 더욱더 불결하고 없애야 할 존재pest일뿐 이 동물들이 질병으로부터 받는 고통은 고려의 대상에서 벗어난다. 하지만 보카치오Giovanni Boccaccio의 소설 『데카메론*Decameron*』(1351) 서두에 묘사된 당시의 상황을 보면 인간과 가까운 삶을 살고 있던 가축들의 삶 역시 감염병의 유행에 취약했다. 가축은 인간으로부터 질병을 얻기도 하고, 병에 걸리지 않더라도 버려지고 방치되었다.

> 병에 걸리거나 죽은 사람의 물건을 건드린 사람이나 동물은 금방 전염이 될 뿐만 아니라 즉각 죽음

에 이르렀던 것입니다. 이 병으로 죽은 어느 가난뱅이의 누더기가 거리에 나뒹굴고 있었는데…… 돼지 두 마리가 꿀꿀거리며 누더기에 코를 쑤셔 박고는…… 그러더니 삽시간에 독을 쐰 듯 경련을 일으키며…… 쓰러져 죽고 말았습니다…… 시골마을에서는 비참하고 헐벗은 농부들과 그 가족들이…… 길이나 밭이나 집에서 밤낮으로 무관심 속에 죽어 갔습니다…… 그 바람에 소나 노새, 양, 염소, 돼지, 닭 그리고 사람에게 충실한 개마저도 저들이 살던 집에서 쫓겨나 수확은커녕 포기하고 버려 놓은 농작물들이 널린 들판을 휘젓고 다녔습니다.*

600여 년이 지난 지금, 코로나19가 1년째 지속되고 있는 현재도 크게 다르지 않다. 취약한 상황의 인간들에게 코로나19가 더욱 가혹한 것처럼, 동물, 특히 인간의 관리와 보살핌을 받아야만 하는 가축에게서 취약성은 더욱 두드러지게 드러난다. 이 취약성은 동물이 바이러스 감염이라는 위험 속에서 질병에 걸릴 수 있는 존재이고, 인간에게 질병을 옮길 수 있는 감염원이며, 인간과의 관계 단절에서 고통받을 수 있는 존재라는 점에서 생겨난다.

* 조반니 보카치오, 『데카메론 1』, 박상진 옮김, 민음사, 2012 참조.

환자되기의 어려움

현대 사회의 인간에게 건강과 안전한 보건의료는 법으로 규정된 권리이다. 감염병의 사례에서 병원체에 감염되어 증상을 보이거나 전문가의 진단을 받은 사람은 '감염병 환자'가 된다. 그러나 동물의 경우 감염성 질병에 이환된 모든 동물이 환자가 되는 것은 아니다. 일단, 동물에 대한 가장 포괄적이고 기본적인 법인 '동물보호법'에 근거해 보호받는 동물이 되는 데조차 제한이 있다. 법은 "고통을 느낄 수 있는 신경체계가 발달한 척추동물로 포유류, 조류, 그리고 파충류, 양서류, 어류 중 농림축산식품부장관이 협의를 거쳐 대통령령으로 정하는 동물, 반려 목적으로 기르는 개와 고양이 등"을 "보호"한다. 이들의 소유자나 관리자는 동물이 질병에 걸리거나 부상을 당한 경우 신속하게 치료하거나 그 밖에 필요한 조치를 하도록 노력해야 할 법적 의무가 있다. 그러나 가축의 전염병을 다루는 '가축전염병예방법'에 "환자인 동물"을 규정하는 표현은 없다. 이 법은 가축의 범주*를 규정하고, 가축전염병에 걸렸거나, 역학조사나 정밀검사를 통해 걸렸다고 의심되는 가축, 임상증상이 있는 가축, 가축전염병 매개체와 접촉이 있었던 가축에 대한 관리와 처분을 명시한다. 따라서 감염이 확인되었다고 해도, 감염으로 인한 증상이 있다고 해도 모든 동물이 환자가 되는 것은 아니다.

* 해당 법과 시행령을 포괄하면, 가축이란 소, 말, 당나귀, 노새, 면양·염소(유산양 포함), 사슴, 돼지, 닭, 오리, 칠면조, 거위, 개, 토끼, 꿀벌, 고양이 타조, 메추리, 꿩, 기러기 등을 포함한다.

사람으로 인한 감염 피해

새로운 바이러스인 SARS-COV-2*의 숙주가 될 수 있는 동물에 대한 정보가 아직은 부족하다. 다만, 지금까지의 사례를 종합해서 국제기구에서는 개, 고양이, 호랑이와 사자 그리고 밍크가 자연 숙주라고 결론을 내렸다. 향후 숙주가 될 수 있는 동물의 종은 더 늘어날 가능성이 크다. 이들 말고도 가금류(닭, 오리, 칠면조), 페럿, 이집트 과일박쥐, 골든 시리안 햄스터, 마카크 원숭이는 실험적으로는 감염 가능하며 같은 종내 상호 전파도 가능하다. 개는 바이러스에 대한 감수성이 낮은 편이고 감염되었더라도 그 증상이 심하지 않다. 아직까지 감염된 개가 다른 개체에게 전파한 사례는 없었다. 반면에 고양이는 감염에 대한 감수성이 높은 편이고 고양이 사이에서도 바이러스 전파가 가능하지만, 역시 증상이 심하지 않다. 뉴욕 브롱크스 동물원 사례로 드러났듯 호랑이와 사자와 같은 맹수류에서는 감염도 가능하고 사람에서와 비슷한 호흡기 증상을 보인다(〈표 1〉).

현재까지 자연 감염된 가축과 동물원 동물은 모두 사람에게서 병원체를 옮겨 받았다. 이들이 감염자로 인지된 것은 이미 해당 병원체가 종을 넘어 전파될 수 있다는 기존

* '중증급성호흡기증후군을 일으키는 코로나바이러스 2번째 형'이란 뜻을 가진 바이러스의 명칭이다. 코비드-19 Covid-19는 이 병원체가 일으키는 감염증으로 특정 지역명을 피하는 세계보건기구의 명명법을 따른 것이다. 우리나라에서는 세계보건기구의 공식 명칭이 생기기 이전에 통칭하던 방식을 혼용해 코로나19로 부른다.

표 1. 동물에서 SARS-COV-2 자연 감염

동물종	감수성 정도	임상 증상	전파 가능성
개	낮음	없음	없음
고양이 (가축화된 종)	높음	있음 (증상 없음에서 미약한 증상까지)	고양이들 사이에서 가능
호랑이/사자/퓨마	높음	있음	종간 전파 가능
밍크	높음	있음	밍크 간 감염, 사람에게 감염

출처: OIE factsheet - Infection with SARS-COV-2 in Animals (2020.9.)

의 지식을 바탕으로 한 원헬스One Health적 점검을 통해 발견되었거나, 사람 환자 주위에서 유사한 증상으로 주목을 끌었기 때문이다. 미국의 사례를 보면, 가축에 대한 SARS-COV-2 감염이 의심될 때 반드시 필요한 경우가 아니라면 검사를 하지 않는 것을 원칙으로 한다. 코로나19 환자로 의심되거나 확진된 사람과 밀접한 관계가 있고 임상증상이 있는 동물, 감염 위험이 높은 환경에 있으며 임상증상이 있는 동물, 재활 또는 동물원 시설에 있는 멸종위기종, 희귀동물 중 코로나19 환자와 접촉이 있었던 동물, 대규모로 사육, 관리되고 있는 가축이나 동물원 동물 중 코로나19 환자와 접촉이 있었던 동물에 한해 우선적으로 검사를 고려하도록 한다. 그러나 동종의 감염된 동물이 있었다는 것이 이들에게 환자의 지위를 가져다주지는 못했다. 현재까지 감염된 동물들은 격리되어 바이러스 배출에 대한 검사를 받았고, 증상이 심하지 않았던 동물들은 관련 기관에서 격리하거나 반려동물의 경우 보호자가 가정에 격리했다.* 감염 동물 중에는 기저 질환이나 원인 모를 병명으로 죽음을 맞이한 동물도 있었지만 전문기관들은 대개 보호자의 자가 관리 수준의 돌봄을 권고한다.

질병을 옮길 수 있는 동물

특정 종의 동물이 가지는 SARS-COV-2에 대한 감수성은 감염된 동물의 치료를 위해서가 아니라 동물이 인간에게 바이러스를 옮길 수 있는지 여부를 판단하는 데 중요하다. 그래서 네덜란드 밍크 농장의 사례는 공포를 가져왔다. 농장 노동자로 인해 밍크가 감염되고 다시 밍크로 인해 다른 노동자가 감염되었기 때문이다. 네덜란드 정부의 인수공통감염병 관리 전문가들과 정부 통합기구에서는 감염된 밍크가 있는 농장에서 사육하는 밍크를 모두 살처분하기로 결정했다.** 농장 간 감염이 장기간 계속되면 사람과 동물 모두에게 위험할 수 있다는 것이 이유였다. 네덜란드에서 감

* 2020년 12월 24일 현재, 약 20개 국에서 SARS-COV-2의 동물 감염(고양이, 개, 밍크, 사자, 호랑이, 퓨마) 사례를 보고했다. 미국수의사회는 최근까지의 사례를 바탕으로 애완동물의 증상이 경미할 것으로 가정하고, 증상이 있는 동물을 돌보는 방법에 대해 자료를 제공하고 있다. 참고: “Caring for patients and interacting with clients during COVID-19”(2020년 5월 26일 작성), AVMA.

** “COVID-19 Found on Dutch Mink Farms”(2020년 5월 18일 작성), USDA.

염이 발생한 이후 덴마크의 밍크 농장에서도 같은 일이 일어났다. 감염자가 있는 농장의 밍크 검체에서 양성반응이 확인된 것이다. 덴마크 역시 해당 농장의 밍크 1만 1,000마리를 살처분하기로 했다.* 6월 12일 네덜란드 노르트-브라반트와 림부르크의 13개 농장에서 48만 마리의 새끼 밍크를 포함해 60만 마리의 밍크에 대한 살처분이 끝났다.** 동물보호단체의 살처분 금지 가처분 소송으로 잠시 시간을 벌었지만 결국 모든 밍크가 살처분되는 것을 막지 못했다. 네덜란드의 해당 농장에서 자유롭게 돌아다니던 고양이 중 일부와 덴마크 농장의 개도 양성 판정을 받았다. 이들이 어떻게 감염되었는지는 명확하지 않다. 이런 상황에서 밍크는 감염된 동물이 아니라 병원체로 간주되어 제거된다. 한편으로는 산업적인 이유도 있다. 감염으로 인해 밍크 제품에 대한 소비자들의 인식이 나빠질 우려가 있으며 생산품은 실제로 인수공통감염병의 감염 위험을 가진다. 같은 산업에 종사하는 농장에 피해를 줄 수 있으므로 산업적 위험의 측면에서도 제거되는 것이다. 살처분을 피해 생명을 잠시 유지한다 해도 산업에서 존재 가치를 잃은 동물들은 결국 '제거'된다.

* "Denmark: Government to Cull Mink on COVID-19 Infected Farm in North Jutland"(2020년 6월 22일 작성), USDA.

** "Nearly 600,000 mink killed in fur farm coronavirus cull"(2020년 6월 13일 작성), DutchNews.

감염되지 않아도 버려지고 방치되는 가축들

가축에 대한 인간의 착취적 이용 행태에도 불구하고 이들의 삶과 인간의 삶은 긴밀한 관계를 유지하고 있다. 활동의 범위가 극히 제한되어 있는 이들은 사람으로부터 먹을 것과 적절한 주거와 위생적인 환경을 제공받아야 생존할 수 있다. 특히 사람과 감정적인 소통이 가능하도록 길들여진 반려동물은 인간과의 관계 단절로 인해 심리적인 고통까지 받게 된다. 세계보건기구는 반려동물이 인간에게 코로나19를 전염시킬 위험이 극히 낮다고 발표했다. 검사 자원의 효율적 사용을 생각하면 위험성이 낮은 반려동물을 대대적으로 검사할 필요는 없다. 오히려 반려동물에 대한 학대나 유기의 분위기가 조장될까 우려하여 반려동물의 조사를 꺼리는 측면도 있었다. 그럼에도 일부 사람들이 코로나19에 대한 공포심으로 기르던 반려동물을 버리거나 죽이는 상황이 벌어졌다. 보호자의 격리나 사망, 또는 코로나19의 장기화로 인한 경제적 어려움의 증가로 반려동물이 버려지는 일에 대한 걱정도 뒤따랐다. 그러나 다행히 우리나라 동물보호소 입소 동물은 2019년 대비 2020년에는 약간 감소한 추세를 보인다. 입양률도 큰 차이는 없다.

코로나19 팬데믹 초기에 자원봉사 인력 수급이 어렵고 보호소 동물의 상황이 열악해지는 것이 우려되기도 했지만 보호소 내 폐사율과 안락사율도 감소했다. 미국에서는 봉쇄가 장기화되면서 동물 입양이 크게 증가해 보호소에 빈자리가 늘었다는 뉴스가 보도되기도 했다.* 물론 이런 현상은 동물에 대한 인도적 감수성이 증가한 결과라기보다 고립된 생활을 달래 줄 장난감으로 동물을 충동적으로 입양한 결과일 수도 있다. 버려지고 방치되는 것과 도구화되는 것, 양쪽 모두 동물에게 힘든 상황을 초래할 것이므로 인간과 동물 모두를 위한 코로나19 극복 방안이 필요하다.

사회적 취약 계층은 감염병으로 인한 고통에 더 쉽게 노출되며 회복이 어렵다(Kim & Bostwick 2020). 코로나19는 축산업 노동 현장의 취약성을 드러냈다. 한 예로 미국 다코타 지역의 스미스필드 도축장은 노동자의 44퍼센트가 코로나19 바이러스에 감염되면서 이른바 코로나19 핫스팟이 되었다(Garcés 2020). 이 지점에 인간의 취약성과 동물의 취약성이 함께 얽혀 있다. 현대의 도시화와 함께 도축장이 감춰지고 가려짐에 따라 이곳에서 일하는 노동자들의 상황은 함께 가려졌다. 문화적 맥락을 잃고 산업화된 육류 생산의 현장에서 이들은 숙련되지 못한 채 노동에 임하게 되며, 위험한 업무에 노출되지만 적절히 보호받기 어렵다. 또 새로운 위험에 대해 충분히 준비하지도 못한 채 고된 노동에 시달려야 한다. 코로나19 상황은 이를 명확하게 드러냈다. 미국의 거대 육류산업계 노동자들의 코로나19 감염 확률은 다른 직종보다 높았고, 감염자 중 사망자의 확률도 높았다. 그러자 노동자들이 스스로를 지키기 위해 도축장과 육

* "California animal shelter runs out of adoptable pets amid coronavirus outbreak"(2020년 4월 10일), ABC7news.

류 가공장에 출근하기를 꺼리는 상황이 생겼다.* 지역이 봉쇄되고 물류와 유통이 막히면서 생산 라인 자체가 멈춰 서는 경우가 늘게 되었다. 이에 따라 축산농민들은 다 키운 가축을 출하할 길이 막혀 버렸다. 이들은 공간과 생산비의 문제로 갈 곳이 없는 가축들을 계속 농장에 둘 수가 없다. 동물은 기계가 아니기 때문에 지속적으로 먹고, 배설하고, 돌봄을 받아야 한다. 결국 출하되지 못한 동물들은 모두 도축이 아닌 살처분 대상이 되어야 했다. 미국의 한 주인 미네소타에서만 한 달 동안 9만 마리의 돼지를 살처분했고, 양돈 최대 산업 지역인 아이오와에서는 6주간 60만 마리의 돼지가 잉여될 것으로 예상됐다.** 급박하게 살처분한 가축의 사체를 처리하는 것도 재앙 수준의 일이 되었다. 2010년부터 2011년까지 국내에서 발생했던 구제역 상황과 크게 다르지 않았다.

새롭지 않은 문제들의 드러남

서로 다른 종 사이 거리의 변화에 따라 특정 병원체가 종 사이를 오가는 일은 늘 있어 왔고 때로는 서로에게 많은 피해를 주었다. 그 피해에도 불구하고 인간은 어떤 동물들과

* "Poor conditions in meat plants fuel Covid-19 outbreaks, say unions"(2020년 6월 22일 작성), The Guardian.

** "Meat plant closures mean pigs are gassed or shot instead"(2020년 5월 14일 작성), New York Times.

는 가까운 거리를 유지해 왔다. 현재 코로나19 상황에서 동물들, 특히 인간과 가까운 거리를 유지해 오고 있던 가축들이 겪는 문제들도 본질적으로는 새롭지 않다. 인간이 위기에 봉착했을 때 동물이 먼저 무시되거나 방치되거나 제거되는 것도 새로운 현상은 아니다. 그래서 현재의 감염병 상황을 인간에 대한 징벌의 틀이나 재앙을 불러온 인류의 비윤리성을 바로 잡는 교훈의 틀로 정리할 필요는 없다.

다만 지금의 상황은 그동안 무시되어 온 동물의 취약성이 인간의 취약성과 연계되어 새롭게 부각되는 기회가 되었다. 한편으로는 새로운 질병 앞에서 이 동물들과 인간이 동일한 위험에 처해 있다는 동질감이 높아졌다. 게다가 가축들의 입장에서 코로나19는 인간으로부터 온 질병이다. 같은 위험을 공유하면서도 동물이 인간과 다르기 때문에 갖는 극단적 취약성을 인식하는 인간의 감수성이 높아지기 시작했다. 이를 통해 동물이 처한 상황을 보다 가깝게 인식함으로써 동물이 가진 본질적인 취약성을 주목하는 계기가 마련된 것 같다. 이것이 인간-동물 관계에서 인간중심성을 약간은 덜어 낼 계기가 될 수도 있을 것이다.

참고문헌

조반니 보카치오, 『데카메론 1』, 박상진 옮김, 민음사, 2012.

Garcés, L., "COVID-19 exposes animal agriculture's vulnerability", *Agriculture and Human Values*, 1-2, 2020.

Kim, S. J. and Bostwick, W., "Social Vulnerability and Racial Inequality in COVID-19 Deaths in Chicago", in *Health*

Education & Behavior, 47(4), pp.509~513, 2020.
Stoppino, E., "Contamination, contagion and the animal function in Boccaccio's Decameron", in *Critica del testo,* 17(3), pp.93~114, 2014.

팬데믹 상황의 동물을 위한 법과 제도

이형주

최근 신종 코로나바이러스 감염증(코로나19)의 세계적 대유행으로 전 세계는 공중보건과 경제적 측면에서 심각한 피해와 사회적 비용을 지불하고 있다. 세계동물보건기구는 인체 감염병의 60퍼센트가 동물에서 유래하며, 새롭게 발생하는 감염병의 75퍼센트가 인수공통감염병이라고 밝히고 있다. 기후변화와 도시화, 삼림파괴로 인한 사람과 가축 및 야생동물 간의 접촉 기회 증가, 야생동물 거래, 가축의 집단 사육, 교통 발달로 인한 병원체 이동 증가 등 환경적 요인과 인간 활동의 변화가 인수공통감염병 발생 증가의 주요 원인으로 지적되면서 또 다른 팬데믹 상황을 막기 위해서는 전 지구적으로 인간과 동물 간의 관계를 재정립해야 한다는 성찰의 목소리가 높아지고 있다. 각 국가들도 신종 질병 발생을 예방하기 위해 야생동물 거래 관리와 서식지 보전, 공장식 축산 지양, 국가 간 협력 강화 등 정책 변화를 모색하고 있다. 이 글에서는 야생동물 관리를 중심으로 팬데믹 상황과 관련해 우리 사회에서 질병 발생 위험을 높이는 요인들을 돌아보고, 국제적 변화 동향과 함께 신종 질병 예방을 위한 정책의 방향성을 제시하고자 한다.

야생동물 관리 현황 및 문제점

동물전시시설

우리나라에서는 야생동물을 식용으로 사용하는 사례는 비교적 적은 반면, 전시시설에서 살아있는 야생동물과 접촉하는 일은 일상적으로 일어나고 있다. 2019년 6월 기준 환경부에 등록된 동물원 110개소 중 61개소가 체험형 동물원, 실내 동물원, 동물카페로 분류되어 있는데, 전시관람형으로 분류된 시설이라도 체험을 허용하는 형태로 운영되는 곳들이 많기 때문에 실제로는 80곳 이상에서 동물과 접촉이 가능하다.

법에서 정한 동물원 기준에 미달해 정부 관리 대상 범위 밖에 있는 야생동물카페 역시 수년 째 성업 중이다. 야생동물카페는 2017년 35개소에서 2019년 64개소로 2년 동안 거의 두 배 가까이 증가했다가 최근 48개소로 감소한 것으로 보인다. 이런 카페는 대부분 상가건물 내 점포에 위치해 있기에 공간적 제약이 크며, 애초에 동물과 한 공간에서 접촉할 기회를 제공하는 것을 운영 목적으로 하고 있어서 종별 사육장을 따로 설치하지 않은 경우가 대부분이다. 일부 동물은 구획이 나뉘어 있지만 방문객이 사육장 안에 들어가 동물을 만지기 때문에 사람과 동물과의 경계가 완전히 무너진 형태라고 볼 수 있다.* 또한 어린이집, 학교 등 교육기관과 대형마트, 백화점 등에 야생동물을 이동하여 전시하는 이동식 동물원이 운영되고 있다. 2020년 기준 40개소 정도가 운영되고 있는 것으로 보이며, 일정 장소에서 고정시설을 운영하며 이동식 전시를 병행하는 형태와 관람객에게 개방하는 시설 없이 이동식 전시만 하는 형태로 나뉜다. 개방시설이 없는 경우에는 동물의 사육환경과 관리상태의 확인조차 불가능하다. 동물을 이동해 전시하는 경우 전시장소에 손을 씻는 위생시설이나 동물 분리시설이 따로 없는 사례가 많고, 엘리베이터 등 공공장소를 통해 동물을 옮기는 과정 중에 직·간접적 감염이 발생할 위험성이 있다.**

종 특성을 고려하지 않은 서식환경과 관리사양으로 인해 신체적, 정신적 스트레스에 노출된 동물은 면역력이 약화되고 병원체 감염에 취약해진다. 여러 유형의 체험형 동물전시시설이 인수공통질병 감염 위험을 높이는 근본적인 이유다. 관람객이 이러한 상태의 동물에게 먹이를 주고, 만지고, 입을 맞추는 등 밀접한 접촉을 하는 전시형태는 동물과 사람 사이에 서로 병원체가 오가기 쉬운 환경을 만든다. 동물이 관람객을 물거나 할퀴어서 발생하는 외상을 통해서도 세균 감염이 가능하다. 생태학적 연관성이 전혀 없는 여러 종들을 합사해 사육하는 환경 역시 동물을 새로운 병원

* 동물복지문제연구소 어웨어, 「전국 야생동물카페 실태조사 보고서」, 2019.

** 동물복지문제연구소 어웨어, 「이동동물원 실태조사 보고서」, 2018.

체에 노출시키고 전파를 촉진시킬 수 있는 위험요인 중 하나다.

많은 시설에서 질병에 감염된 동물의 진단과 치료가 적시에 이루어지지 않고 방치되는 경우가 발생하고 있으며 동물이 어떤 병원체를 갖고 있는지에 대한 조사나 정보의 수집, 기록 또한 전혀 이루어지지 않고 있다. 인수공통질병이 발생한다 하더라도 감염경로와 시기, 접촉했던 관람객의 파악 및 통보 등에 대한 규정은 마련되어 있지 않다. 인수공통질병의 증상은 소화기·호흡기 질병, 독감, 피부질병 등과 유사한 경우가 많고, 일반 의료진은 환자에게 야생동물 사육이나 접촉 여부를 물어보지 않기 때문에 감염경로의 추적이 어려워 잠재적 전염병의 관리가 어려워진다.* **

야생동물 거래와 개인 사육

야생동물 거래wildlife trade는 이미 오래전부터 존재해 왔고 통제하기 어려운 위협 요소인 서식지 감소에 더해 거래되는 종의 생존과 생물다양성을 위협한다. 뿐만 아니라 동

* Warwick, C., "Gastrointestinal disorders: are healthcare professionals missing zoonotic causes?", in *Journal of the Royal Society Health*, 124:137-142, 2004b.

** 국립수의과학검역원의 보고서 「양서·파충류 질병 관리 및 검역 체계 수립을 위한 조사·연구」에 따르면 우리나라 시중에 유통 중인 거북이 대상 표본의 13%에서 살모넬라균이 검출된 바 있다. 2015년 서울어린이대공원 파충류를 대상으로 살모넬라 분리 혈청형 분포, 감염원 등을 조사한 결과 총 221개 시료(1층 전시장 14개소 114개 및 2층 동물 교실 7개소 77개) 중 33개의 시료에서 살모넬라균이 검출되었으며, 총 분리율은 14.9%로 확인되었다. 살모넬라균 분리율은 동물교실(18/77, 23.4%)의 경우 전시장(15/144, 10.4%)보다 높은 것으로 나타났다.

물과 사람, 유입 동물과 자생종 동물 간 질병 전파의 위험성을 높이는 원인이 되기도 한다. 연구에 따르면 전 세계 야생동물 거래의 25퍼센트가 불법적인 경로로 일어난다. 각 국가에서 야생동물 포획을 규제하는 법이 존재하더라도 제대로 관리·감독 및 집행되지 않기 때문에 야생에서 밀렵되고 포획된 동물이 합법적인 국제거래 시장의 유통구조로 쉽게 들어오는 원인이 되고 있다. 또 국가마다 제도와 관리·감독의 강도에 있어 편차가 크기 때문에 야생동물 국제거래 시장에서 해당 동물이 사육 상태에서 번식된 개체인지 야생포획 개체인지 밝혀내기가 매우 어렵다. 야생동물을 애완용으로 거래할 때 부패가 심한 사회일수록 더 빈번히 야생포획 개체를 감금사육 상태에서 번식된 것으로 '세탁'하거나, 의도적으로 출처 등을 거짓 표기하는 것으로 알려져 있다.* ** ***

야생동물을 합법적인 경로로 거래한다고 해도 모든 잠재적 병원체를 검사하는 것은 현실적으로 불가능하다. 검역은 특정 종에 한정해 이루어지며, 반입된 후에는 동물 모니

* Arena, P. C., Steedman, C., Warwick, C., "Amphibian and reptile pet markets in the EU: An investigation and assessment", in *Animal Protecfion Agency*, p.52, 2012.

** Karesh, W. B., Cook, R. A., Gilbert, M. and Newcomb, J., "Implications of wildlife trade on movement of avian influenza and other infectious diseases", in *Journal of Wildlife Diseases*, (S3), pp.55~59, 2007.

*** Traffic, "Captive-bred or wild-taken? Examples of possible illegal trade in wild animals fraudulent claims of captive-breeding", TRAFFIC/WW, 2012.

터링이 어렵다. 이는 야생동물 거래 관리제도에 있어 전 국가가 공통적으로 갖고 있는 한계이며 인수공통질병 전파의 위험을 높이는 원인이 되고 있다.

야생동물 거래를 막고 외래유입종의 생태계 교란과 인수공통감염병 발생으로 인한 공중보건 위기상황에 대처하기 위해 해외 주요 국가들은 개인이 소유할 수 있는 종을 한정하거나 개인 소유를 금지하는 종을 정하는 규제를 마련하고 있다. 반면 우리나라의 경우 국제적 멸종위기종 및 일부 법정보호종을 제외한 야생동물의 개인 소유와 판매에 대한 규정은 전무한 상황으로, 야생동물의 거래, 판매, 운송, 소유에 있어 관리 사각지대가 발생하는 것은 팬데믹 상황에서 큰 사회적 위협 요소로 작용할 수 있다.

관련 규정의 미비

현재의 법률은 가축과 야생동물에게서 법적으로 지정한 인수공통감염병이 발생했을 때 관련 부서에 통보하도록 규정하고 있을 뿐, 인수공통감염병 전파 예방을 위해 전시시설에서 관리하고 준수해야 하는 사항에 관해서는 어떤 것도 규정하고 있지 않다. '동물원 및 수족관의 관리에 관한 법률'에서는 동물원 또는 수족관을 운영하려는 자가 보유 생물의 질병 내역 및 인수공통질병 관리계획과 안전관리계획 등을 제출하도록 명시하고 있다. 그러나 이는 어디까지나 형식적인 수준에 불과하다. 기록 유지에 대한 의무도 보유

생물의 반입, 반출, 증식, 사체 관리에 관한 기록만 보존하도록 규정하고 있으며, 시·도지사에게 제출할 의무가 있는 자료에도 질병 감염 및 치료 기록 등은 포함되어 있지 않다.

'야생생물 보호 및 관리에 관한 법률'에서는 환경부장관이 필요한 경우 야생동물 질병을 진단 및 조사·연구할 수 있도록 하고, 그 결과 야생동물 질병이 확인된 경우에는 환경부장관과 관할 지방자치단체장에게 알리도록 규정하고 있다. 질병이 법으로 정한 가축전염병에 해당하는 경우에는 농림축산식품부 장관, 수산동물전염병에 해당하는 경우에는 해양수산부장관, '감염병의 예방 및 관리에 관한 법률'에서 정한 인수공통감염병에 해당하는 경우에는 보건복지부 소속기관의 장에게 알려야 한다. 그러나 질병이 확인된 경우의 절차 외에 인수공통감염병을 적극적으로 예방하거나 감염된 야생동물이 발견되었을 경우 추가 감염, 전파를 막기 위한 규정은 미흡한 상황이다.

'가축전염병 예방법'에서는 가축전염병을 62종의 법정 전염병으로 정하고 있으며, 이 중 약 15종 정도가 인수공통감염병으로 분류될 수 있다. 동물전시시설에서 전시하는 동물을 포함한 야생동물은 가축전염병 예방법 제31조에 따른 지정검역물(동물과 그 사체)로 수출입 검역 대상이 되며, 수입을 위해서는 검역증명서를 첨부해야 한다. 식용축산물인 경우에는 가축전염병 및 인수공통감염병의 전파 가능성 유무와 관능검사를 시행하도록 하고 있지만, 동물인 경우에는 임상검사를 시행하도록 하고 있으며 영장류, 우제류, 기제류 동물을 제외한 대부분의 야생포유류는 검역 기간을 5일로 정하고 있다. 즉, 5일 동안 눈으로 관찰해 임상증상을 보이지 않으면 검역을 통과할 수 있다. 2018년 환경부 자료에 따르면 파충류의 경우 전체 야생동물 수입 건수의 70퍼센트 이상을 차지함에도 불구하고 양서파충류에 대한 검역 절차는 따로 마련되어 있지 않다.

해외의 제도 변화 경향

살아 있는 야생동물을 판매하는 '젖은 시장wet market'이 바이러스가 유래한 근원지로 지목받으면서 전 세계가 야생동물 판매와 거래에 대한 규제를 강화하고 있다. 더불어 야생동물 서식지 복원과 축산 방식의 전환, 대체식품에 대한 투자 등 지속가능성을 목표로 한 정책 전환 움직임이 관찰된다.

중국의 경우 지난 2020년 2월 전국인민대표회의에서 야생동물의 거래와 소비를 금지했으며 이에 따라 각 지방정부가 이 결정을 시행하는 정책을 마련하고 있다. 그러나 전통 약재에 사용하는 경우는 예외로 두고 있고 종사자 수만 100만 명이 넘을 정도로 시장 규모가 막대하기 때문에 얼마나 실효성이 있을지는 의문이다.

우리나라를 포함해 전 세계가 경제구조의 생태적 전환을 목표로 둔 '그린뉴딜'을 추진하는 추세다. 그중 유럽연합의 그린 딜European Green Deal은 청정에너지, 지속가능한 산업, 친환경 건축·농산물, 오염 제거, 지속가능한 수송과 함께 생물다양성을 7가지 중점 분야의 하나로 선정했다. 유럽

집행위원회는 '신규 유럽연합 생물다양성 전략 2030'을 채택해 야생생물 보호와 야생생물 불법거래 근절로 기후변화, 산림 화재, 식량안보, 질병발생 등의 미래 위협에서 사회를 보호하는 것을 목표로 두고 있다.

2020년 5월 미국에서는 초당적 법안으로 '글로벌 야생생물 보건 및 팬데믹 예방에 관한 법률Global Wildlife Health and Pandemic Prevention Act'이 발의되었다. 이 법안은 고위험군 야생동물시장을 종식시키고 야생동물에서 유래한 질병의 발생을 예방하는 것을 목적으로 하고 있다. 구체적으로는 국제협력과 외교를 통한 야생동물 밀렵 근절을 국정과제의 우선순위로 두고 고위험 야생동물시장의 종식을 국가안보회의의 우선순위 과제로 상향하는 조항을 담고 있다. 이를 위해 미국 대통령은 고위험 야생동물 시장을 지속적으로 허용하는 국가에 제재를 가할 수 있으며, 주정부, 국제개발처USAID, 질병통제예방센터CDC, 어류 및 야생동물 관리국USFWS, 미국지질연구소U.S. Geological Survey, 농무부USDA 등 범부처가 나서 인수공통질병 발생에 있어 높은 위험성을 내재한 시장과 종을 조사하고 인수공통질병 대비를 위한 원헬스 접근을 지원하도록 했다.

포스트 코로나 시대의 동물 정책 방향에 대한 제언

국가 정책 기본방향 수립

현재 우리나라의 동물 관련 업무는 농림부, 환경부, 해양수산부, 식약처, 문화재청 등 여러 부처에 분산되어 있고 관련 법령만 해도 40개가 넘는다. 각 지방자치단체에서도 독립적으로 동물 관련 정책을 추진하고 있으나 이들 사이의 유기적인 연계성은 매우 미흡한 편이다. 코로나 이후 인간과 동물 관계를 재정립하는 국가 정책 방향성을 수립하고 난 후에는 각 부처뿐 아니라 지자체 단위에서까지 일관된 원칙에 의해 정책이 마련될 수 있도록 협력 및 공조 체계를 구축해야 할 것으로 보인다. 각 개별법에서 인간과 동물, 환경 간의 상호 영향을 인지해야 하며, 비록 동물 보호나 관리가 아닌 이용에 초점을 맞춰 입법된 법이라 해도 원헬스 원칙에 입각해 동물을 이용하는 방식과 절차 등을 규정해야 한다.

불필요한 야생동물과의 접촉 근절과 관리 강화

병원체나 병원체가 유래했을 가능성이 있는 종을 완전히 제거하려고 시도하는 것보다 사람을 포함한 종간 접촉 빈도를 최소화하는 것이 더 실용적인 접근 방법이라는 견해는 이미 코로나19 이전부터 주장되어 온 바 있다. 동물원, 수족관 등 야생동물과 인간이 상시적으로 공존하는 동물전시시설의 경우 위생·질병 기준 마련뿐 아니라 서식 환경과 관리 기준을 강화해 높은 수준의 전문성을 확보한 시설만 국가의 허가를 받아 운영할 수 있도록 하는 제도 개선이 시급하다. 오락적 목적으로 야생동물과 접촉하는 시설의 유행은 인수공통질병 전파의 원인이 될 수 있을 뿐 아니라 동물과 사람 간의 적절한 거리와 관계에 대해 부적절한 사회적 인식을 형성할 수 있다. 따라서 팬데믹 상황에서 야생동물과 접촉할 기회를 제공하는 상업시설과 오락 및 관광상품은 엄격히 규제되어야 한다. 개인이 소유할 수 있는 야생동물종을 정하고 번식, 거래, 운송, 소유 역시 제한적으로 허용해 관리를 강화하는 정책 방향성 역시 요구된다.

시민 교육과 홍보

최근 몇 년 동안 지속적으로 인식의 변화가 일어나고는 있으나 아직도 동물에 대한 전반적인 사회적 인식 수준은 높은 편이 아니며, 이는 연간 10만 마리 이상의 유기동물 발생과 동물학대 등 다양한 사회적 문제로 나타나고 있다. 정부와 국회도 동물 관련 제도를 지속적으로 개선하려는 노력을 보이고 있으며 예산도 나름대로 증가하고 있지만 변화하는 제도 등에 대한 홍보는 충분하지 않은 상황이다. 미래세대가 동물에 대한 올바른 인식을 형성할 수 있도록 정규 교육 과정에 동물 교육을 포함시키고, 동물과 사람 간의 관계를 바로잡기 위해 정부가 다양한 사회 분야 및 지역사회와 협조해 정책적으로 대국민 홍보를 시행해야 할 것이다.

참고문헌

Jang, Y. H., Lee, S. J., Lim, J. G., et al., "The rate of Salmonella spp. infection in zoo animals at Seoul Grand Park, Korea", in *J Vet Sci.*, 9(2), pp.177~181, 2008.

Karesh, W., Cook, R. A., Bennett, E. L. and Newcombe, J., "Wildlife Trade and Global Disease Emergence", in *Emerging Infectious Disease*, 11, pp.1000~1002, 2005.

3부 질병

인간-동물의 질병에 대한 원헬스적 접근

¶

2019년 12월부터 시작된 코로나19의 확산은 1세기에 한 번 일어날까 말까 한 엄청난 감염병의 폭발적 확산 사례로 기록될 것이다. 2020년 12월 중순 기준, 이미 이 신종 코로나바이러스가 일으키는 질병에 7,200만 명이 넘는 사람들이 감염되었고 162만 명의 사람들이 생명을 잃었다. 코로나19의 급속한 확산은 세계의 이동을 완전히 멈추게 했고 전례가 없는 봉쇄조치가 취해졌다. 1918년 세계를 강타했던 스페인독감 이후 가장 확산력이 높은 코로나바이러스는 당연시되었던 일상의 근간을 흔들어 놓았다. 이 바이러스의 확산 과정을 조사해 보면 이번 팬데믹을 단순히 '바이러스의 침공'으로만 설명할 수 없다. 비록 코로나바이러스가 박쥐에서 기원했고 중간매개 숙주를 거치고 종간 장벽을 넘어 인간에게 감염을 일으켰지만, 그 책임을 동물이나 바이러스 자체에 묻는다면 그야말로 인간 중심의 편의주의적 사고일 것이다. 이번 팬데믹의 중요한 책임은 개발이라는 이름으로 자연환경을 파괴하고 야생동물 서식지를 침범한 인간에게 있다. 이로 인해 자연스럽게 야생동물과 인간의 접촉이 증가하게 되면서 종간 장벽을 넘어 바이러스가 퍼질 기회가 생겼기 때문이다. 급속도로 확산된 세계화와 도시로의 인구 집중은 감염병 확산에 더욱 취약한 조건으로 이번 코로나바이러스의 확산에 이상적인 배양공간을 제공했다. 결국 코로나19는 단순히 인간의 질병도 동물의 질병도 아니다. 이것은 인간-동물의 접촉과 상호작용으로 일어난 질병으로 규정해야 하며 단순히 의학적·생물학적 문제로 국한할 수 없다. 인간-동물의 문제를 좀 더 포괄적이고 광범위하게 다루려면 의학은 물론 수의학과 생태학 그리고 사회과학적인 접근이 결합될 필요가 있다. 이렇게 질병에 대한 포괄적 접근을 요구하는 흐름을 원헬스 운동이라 부르며, 이 운동은 지금까지 인간-동물로 분화되어 왔던 의학적 접근법을 광범위하게 통합할 것을 주장한다.

웨비나 시리즈 "관계와 경계"는 코로나 시대의 인간-동물 질병에 대한 원헬스적 관점을 고민하기 위해 열렸다. 3부에는 인간-동물의 관계에서 감염병의 지위를 고민하는 글 세 편을 실었다. 수의학자인 이항은 코로나19 팬데믹이 인간-가축-야생동물이 조우하는 접점에서 발생했다는 사실을 다양한 사례를 통해 보여 준다. 이항은 특히 한국적 상황에서 인간-가축-야생동물의 접촉이 일어날 수 있는 특수한 조건이 형성되어 있다고 주장한다. 이러한 상황에서 신종감염병이 발생할 경우 생태적, 사회적, 경제적 혼란은 물론 안보에 엄청난 위협이 될 수 있다. 생태학자인 황주선은 야생동물에서 유래하는 신종감염병에 대한 생태학적 이해를 제공하고 있다. 황주선은 '질병생태학'이라는 분야의 소개를 통해 병원체들이 살아갈 수 있는 자연적이고 인위적인 얽힘 현상을 '생태'라고 규정한다. 질병생태학은 단순히 바이러스의 분자적 생물학적 단위로 질병을 파악하는 기존 생의학적 패러다임을 넘어 인간-가축-동물-생태환경까지 광범위한 요소들을 포괄하여 다룰 때 비로소 질병을 이해할 수 있다고 주장한다. 마지막으로 과학사회학자인 김기흥은 코로나19 방역정책을 고찰하며 한국 질병방역의 기본 틀이 인간-가축-동물 질병의 주기적 발생에 대한 경험을 토대로 형성되었다는 사실을 보여 준다. 특히, 2000년 이후 발생한 인간(메르스, 사스)-가축(구제역, 조류독감)-동물(아프리카돼지열병) 질병의 방역경험이 현재 다른 서구국가들의 방역정책과 다른 특이한 대응방식을 형성했다고 주장한다. 이러한 과정은 인간-동물질병의 경험이 공동구성되는 과정이었다. 이 세 편의 글은 인간-동물 질병으로서 코로나 팬데믹을 바라볼 때 원헬스적 접근이 무엇보다 필요함을 더욱 강조하고 있다.

팬데믹의 시작

인간, 가축, 야생동물의 접점

이항

들어가며

팬데믹은 생태계의 건강이 심각히 훼손된 상태를 의미한다. 그러므로 팬데믹은 사람이나 가축뿐 아니라 야생 생태계의 생물들에게도 크게 부정적인 영향을 미친다. 실제로 지난 수십 년에 걸쳐 사람이나 가축에게는 전혀 영향이 없었지만 야생 생태계에 적지 않은 악영향을 끼친 질병들이 여러 차례 유행했다. 예를 들어 양서류항아리곰팡이병, 도롱뇽항아리곰팡이병, 박쥐흰코증후군, 뱀곰팡이병 등은 광범위한 야생동물 개체군 감소와 멸종을 일으킨 대표적인 팬데믹이다. 세계적으로 이러한 생태계의 팬데믹과 신종질병은 지속적으로 증가하고 있는 상황이다(Fisher et al. 2020).

이러한 야생 생태계 팬데믹의 특징 중 하나는 곰팡이성 질병이 대부분이라는 것이다. 또한 모두 합법 또는 불법적인 야생동물 교역과 같은 인간의 활동으로 인해 지역적으로 국한되었던 병원체가 다른 지역과 대륙으로 전파되면서 시작되었다는 점도 공통적 특징이다. 더욱이 세계적인 양서류 감소의 한 원인으로 지목되고 있는 항아리곰팡이병

chytridiomycosis의 기원은 바로 우리가 살고 있는 한반도인 것으로 추측되고 있다(O'Hanlon et al. 2018).

코로나19 팬데믹 사태는 미래 인류의 세계관과 삶의 양식에 비가역적 영향을 미칠 것으로 예상된다. 코로나19 바이러스는 야생동물에서 유래한 것이 거의 확실시되고 있고, 따라서 코로나19는 인간과 야생동물의 관계, 나아가 인간과 자연의 관계에 대한 근본적인 재검토와 성찰을 요구한다. 코로나19 이전에도 야생동물과 관련된 인수공통감염병, 동물질병, 신종감염병 발생과 전파의 빈도와 심각도는 여러 세기에 걸쳐 세계적으로 점점 높아져 왔다. 그러므로 인류는 향후 코로나19 보다도 더 강력한 새로운 감염병의 출현에 상시적으로 대비해야 할 것으로 예상된다. 한반도 역시 야생동물 유래 신종질병의 근원지가 될 위험은 상존한다. 전 세계를 대상으로 신종 인수공통감염병 발생의 위험도를 분석한 한 논문(Allen et al. 2017)에 의하면 한반도 역시 신종질병 발생의 고위험지역에 속한다. 한국은 세계적으로도 인구 밀도와 가축 밀도가 높은 지역이고, 신종질병 위험이 높은 중국 및 동남아 지역과 지리적으로 밀접해 대규모로 교류하며, 특수한 한국적 형태의 인간-가축-야생동물 접촉점이 형성되어 있기 때문이다. 만일 향후 제2의 코로나19와 같은 신종질병이 한국에서 발원하게 된다면, 그로 인한 생태적, 사회적, 경제적 혼란 및 안보에 대한 위협이 우려됨은 물론이고 최근 코로나19 방역 성공으로 국제적으로 향상된 국가 위상의 급격한 추락이 예상되기도 한다. 이 글에서는 팬데믹 상황에서 생태계는 얼마나 취약한지, 코로나19와 같은 팬데믹의 근본적 원인과 직접적 원인은 무엇인지, 팬데믹 예방과 대응 방안에서 야생동물 접점 관리의 중요성은 무엇인지를 살펴보는 한편 인간-가축-야생동물이 만나는 우리 사회의 대표적인 접촉점들을 통해 팬데믹 상황에서 생각해야 할 거리를 던지고자 한다.

팬데믹의 가해자와 피해자는 누구인가?

바이러스와 그 숙주동물이 서로에게 큰 피해를 주지 않으면서 공존하는 예는 무수히 많다. 그러나 어떤 기회로 인해 정상적 숙주종에서 새로운 동물종으로 바이러스의 종간 전파가 일어난 경우, 이 바이러스는 새로운 숙주종에게 큰 피해를 줄 수 있다. 코로나19 바이러스 역시 어떤 동물종에서 유래했든, 야생 세계에 있을 때는 그 동물에게 큰 피해를 주지 않았을 것으로 추측된다. 어떤 경로든 사람이 야생 생태계에 살고 있던 동물을 인간 사회로 강제로 데리고 오면서, 또는 서식지를 잃은 야생동물 쪽에서 인간 사회에 접근하면서 코로나19 바이러스가 함께 왔을 것이다. 이후 동물과 사람 간 접촉점에서 바이러스가 사람에게 옮겨 왔고 사람과 사람 간의 전파능력을 획득했을 때 인간 사회에서의 팬데믹이 시작되었다. 바이러스가 야생동물에게서 왔기 때문에 인류가 '야생동물에 의해 피해를 입었다'고 생각할 수도 있다. 그러나 사실은, 별 문제없이 지내고 있던 야생의 바이러스를 우리 인류가 '억지로 끄집어내' 우리 자신을 '자해'

했다고 보는 것이 더 진실에 가까울 것이다.

인간 사회의 팬데믹으로 인해 오히려 야생동물들이 직접적 피해를 입는 피해자가 될 가능성도 있다. 야생동물에서 유래한 팬데믹이 인간 사회에서 순환하면서 변이를 거듭하다가 다시 생태계로 돌아가 야생동물에게 악영향을 줄 가능성을 배제할 수 없기 때문이다. 예를 들어 코로나19의 변종이 인간 사회 또는 가축 사이에서 순환하다가 또 다른 인간-가축-야생동물의 접촉점에서 다시 야생동물을 감염시킬 수 있으며, 이때 감염된 동물이 본래의 숙주동물이 아니라 다른 종의 야생동물이라면 그 동물종에 직접적 피해를 줄 가능성이 있다. 실제 코로나19 바이러스가 사람에게서 호랑이, 사자, 밍크, 개, 고양이, 페럿, 레서스원숭이, 햄스터, 이집트과일박쥐, 너구리 등 다양한 동물들에게 자연적으로 또는 실험적으로 전파된 많은 사례들이 있으며 (Gryseels et al. 2020; Freuling et al. 2020), 미국 국립야생동물보건센터의 최근 연구에 의하면 코로나19 바이러스가 야생 박쥐류에 전파될 위험이 상당히 높은 것으로 보고되었다(Runge et al. 2020).

게다가 만일 코로나19 바이러스가 야생동물 중에서 새로운 숙주동물을 찾게 될 경우 이 병원체는 야생에서 순환하다가 또 다른 기회에 또 다른 형태로 인간 사회에 다시 돌아올 수 있는 잠재력을 갖게 된다. 이미 네덜란드의 밍크 농장에서 동물에게서 사람으로 바이러스가 전파된 것으로 알려졌다(Nadia et al. 2020). 또 실험실에서 배양된 세포를 대상으로 한 감염실험 결과와 바이러스 수용체 구조의 컴

퓨터 모델링 실험 결과는, 매우 다양한 포유류 동물종이 코로나19 바이러스에 감염될 잠재적 가능성을 갖고 있으며 진화계통적 유연관계만으로는 어떤 특정종의 정확한 감염 감수성을 예측하기 어렵다는 사실을 보여 준다(Gryseels et al. 2020). 이는 우리 사회가 코로나 팬데믹에 대응하고 예방하는 계획을 세울 때 반드시 염두에 두어야 할 중요한 사실이 하나 있음을 의미한다. 즉 사람, 가축, 야생동물 사이에 병원체가 교차되는 접촉점을 그대로 방치할 경우 이 접점은 또 다른 신종질병과 팬데믹이 인간 사회에 들어오는 통로 역할을 한다는 사실이다. 더 나아가 코로나19 바이러스가 야생 생태계로 언제든지 재침투해 새로운 숙주동물을 찾아내는 통로가 될 수 있음은 물론이다. 이렇게 되면 새로운 야생동물종(들)이 바이러스에 의해 피해를 입을 뿐 아니라 이들이 인류를 괴롭히는 인수공통 병원체의 새로운 저장고 역할을 하게 될 가능성이 있다. 이는 인류와 코로나19 바이러스와의 전선이 지금보다 훨씬 더 넓어지며 다양한 동물종에서 나타날 새로운 변종들과 싸워야 함을 의미한다. 전 세계에 퍼져 있는 엄청난 규모의 코로나19 바이러스 감염자 숫자와 감염 고리의 질긴 생명력, 그리고 그 변이 능력을 고려할 때 이 가능성은 무시할 수 없어 보인다. 그러므로 인간, 가축, 야생동물의 접점을 제대로 관리하는 일은 인간 사회의 안전을 도모하는 일인 동시에 야생동물과 생태계를 보호하는 일이기도 하다.

신종질병과 팬데믹 예방 및 대응 방안

최근 생태계와 인간 사회에서 신종질병과 팬데믹의 빈도와 강도가 점점 강해지고 있는 직접적 원인은 인간, 가축, 반려동물, 준야생동물, 야생동물 사이의 직·간접적 접촉 빈도 및 강도가 증가했기 때문이라고 생각된다. 그러나 이러한 접촉을 가능하게 하는 근본적 원인은 따로 있으며 이것은 다음 몇 가지로 요약할 수 있다(O'Callaghan-Gordo & Antó 2020; Lorentzen et al. 2020).

- 지구 역사상 유례없는 인구 증가 및 인구 1인당 자연자원 소비량의 증가와 도시화
- 인간/물류/동물/동물제품의 이동량 및 이동 속도 증가(세계의 단일생활권화)
- 가축 대량생산 시스템의 보급(공장식 축산)
- 인간의 생태계 침범과 교란, 서식지 감소와 단편화
- 야생동물/사람/가축 사이의 접촉면을 증가시키는 다양한 사회·문화적 환경 변화
- 생물다양성의 쇠퇴와 이에 따른 질병희석효과dilution effect*의 감소

* '질병희석효과'는 높은 수준의 생물다양성과 제 기능을 하는 생태계가 질병의 발생과 전파를 자연적으로 통제한다는 이론으로, 이 효과는 인류에게 제공되는 생태계서비스의 중요한 부분으로 생각되고 있다. 그러나 생물다양성 쇠퇴로 인해 이러한 질병희석효과가 감소하고 있으며 이것은 신종질병과 팬데믹

○ 팬데믹에 유리한 환경을 조성하는 지구온난화와 기후변화

그러므로 신종질병과 팬데믹을 예방하는 궁극적인 대책은 위에 열거한 근원적 요소들과 그 영향력을 감소시키는 일이 될 것이고 이는 중장기적인 전략과 계획, 그리고 국제적 협력을 필요로 한다. 팬데믹 상황 발생 이후의 대응(검사, 격리, 치료, 백신 및 치료제 개발, 공중보건 및 공공의료 체계 개선 등) 방안은 커다란 사회적 비용과 고통을 수반한다. 반면에 팬데믹의 직접적 원인이 되었던 인간, 가축, 반려동물, 준야생동물, 야생동물 사이의 접촉의 종류와 형태를 파악하고 그 위험도를 분석·평가하여 필요한 조치와 관리방안(생물보안)을 연구, 개발, 시행하는 일은 비교적 단시간에 적은 비용으로 수행할 수 있는 일로 보인다.

진화에 의해 형성된 인간의 방어기제의 특징은, 긴급하고 즉각적인 대응에는 매우 효율적인 반면 장기적 위협에 대한 대응에는 효율적이지 못하다는 것이다(Goymann 2020). 그러므로 팬데믹 상황 이후에 예상되는 인류의 대응 방식은 백신 및 치료제 개발과 같은 단기적이고 즉각적인 대응에 치우칠 가능성이 농후하며, 야생 서식지와 생물다양성 보전, 기후변화 대책 같은 장기적이고 근본적인 문제해결에 관심을 집중시킬 가능성은 별로 크지 않아 보인다. 그러나 인간, 가축, 야생동물의 접점을 적절히 관리하는

발생에 유리한 환경을 조성한다고 간주된다(Halliday & Rohr 2019).

일은 비교적 단기간 내에 실행 가능하면서도 야생동물과 생태계를 보호하고 나아가 생물다양성을 보전하는 장기적 효과를 일정 부분 가져올 수 있기 때문에, 어쩌면 이것이 팬데믹의 단기적 대응과 장기적 예방 정책을 연결시키는 고리 역할을 할지도 모른다.

그러므로 인간과 동물, 특히 인간과 야생동물과의 관계와 상호작용, 접촉점의 현황을 면밀히 살펴보고 그 관계를 재정립하는 일은 코로나19뿐 아니라 미래의 또 다른 신종질병과 팬데믹을 예방하고 대응하기 위해 인류가 해야 할 일 중에 어쩌면 가장 시급하고 중요한 일이 될 것이다. 우리는 야생동물과 어떻게 접촉하고 있는가? 코로나 시대, 그리고 코로나 이후 시대에 인간과 야생동물과의 접촉은 바람직한 것인가? 바람직한 접촉은 무엇이고 바람직하지 않은 접촉은 무엇인가? 그 접촉의 한계는 어디까지인가? 어느 경계까지 허용되어야 하며 그 경계면을 어떻게 관리해야 할 것인가? 코로나 이후 시대를 준비해야 하는 우리에게 이러한 질문들은 매우 실질적이며 긴급하고 또 절실하다.

국내에서 야생동물-가축-인간 사이 접촉점의 예

대도시에 살고 있는 현대 도시민들은 야생동물을 직접 접촉할 일이 거의 없기 때문에 이런 접촉을 일상적인 것이 아닌 매우 드문, 예외적인 현상으로 생각하기 쉽다. 중국 또는 일부 개발도상국과는 달리 우리나라에서 야생동물을 포획해서 섭취하는 것과 같은 종류의 야생동물 접촉은 거의 없다고 생각하는 경향이 있는 것이다. 그러나 실제로 야생동물과의 접촉은 한국 사회 각 부문에서 일상적으로 일어나고 있는 것으로 보인다. 아래 목록은 한국 사회에 존재하는 다양한 형태의 야생동물, 준야생동물, 가축, 반려동물, 인간 사이의 접촉면의 사례들이다.

- 실내 동물원, 체험형 동물원, 이동식 동물원, 야생동물카페 등 유사 동물원이나 야생동물/이색동물/희귀동물 전시시설의 종사자/방문객과 살아 있는 야생동물/가축/반려동물 사이의 접촉
- 정규 동물원의 종사자/방문객과 살아 있는 야생동물 사이의 접촉
- 수족관의 종사자/방문객과 살아 있는 야생동물 사이의 접촉 및 동물체험행사(돌고래 체험 등)
- 애완용/관상용 등으로 수입 및 판매되고 있는 살아 있는 야생동물/이색동물/희귀동물/가축/반려동물/사람 사이의 접촉
- 식용/약용 등으로 합법/불법적으로 수입 및 판매되고 있는 죽은 야생동물 또는 야생동물 부위/제품과 사람/가축 사이의 접촉(웅담, 사향 등 약용 야생동물 부위, 뱀 등 건강식품)

- 개인이 애완용/관상용/식용으로 국내에서 소유, 사육, 번식, 거래하고 있는 야생동물/이색동물/희귀동물(포유류, 조류, 양서류 및 파충류, 어류, 무척추동물 포함)과 사람/반려동물/가축 사이의 접촉(이 접촉면은 현재 국내에서 급속히 확산되고 있으며 거의 관리가 되고 있지 않다)
- 야생동물/준야생동물과 접촉이 가능한 가축사육시설(산림/습지와 근접한 소, 돼지, 가금류 등 가축 농장, 특히 제도적 위생관리가 전혀 되고 있지 않은 육견농장)
- 곰 농장, 멧돼지 농장, 꿩 농장, 기러기 농장, 오소리 농장 등 야생동물 사육농장과 그 유통과정에서의 종사자와 야생동물/가축/반려동물 사이의 접촉
- 증가하고 있는 유기견, 들개, 길고양이, 들고양이, 비둘기 등 준야생동물과 다른 야생동물/사람/가축/반려동물 사이의 접촉
- 유기/방치되거나 길 잃은, 또는 탈출한 애완/관상용 이색동물/야생동물과 사람/가축/반려동물 사이의 접촉
- 유기견/들개/들고양이 등 동물을 수용하는 동물 관리/보호시설에서의 사람/가축/반려동물 사이의 접촉
- 멧돼지, 고라니, 뉴트리아 등 유해조수 퇴치를 위한 야생동물 포획 과정에서 수렵인/수렵

견/야생동물/반려동물/가축 사이의 접촉

○ 수렵 또는 밀렵된 야생동물 사체의 처리 및 유통과정에서의 야생동물 사체/부위/사람/가축/반려동물 사이의 접촉

○ 산림 등 야생동물 서식지 속 거주민이 키우는 개, 고양이 등 반려동물 및 가축과 야생동물 사이의 접촉

○ 염소/닭/오리 등 가축의 야생 방사

○ 야생동물구조센터 및 천연기념물동물치료소에서 구조된 야생동물과 가축/반려동물/사람 사이의 접촉

○ 야생동물 보전/복원사업 과정에서의 종사자와 야생동물/가축/반려동물 사이의 접촉

○ 야생동물 보전/복원사업에 의해 방생, 복원된 여우 등 야생동물과 가축/반려동물/사람 사이의 접촉

○ 야생동물 연구자 또는 실험용 야생동물 연구자와 연구 대상 야생동물의 접촉

○ 합법 또는 불법적인 동굴탐사 과정에서 동굴 거주 야생동물(박쥐 등)과 탐사자 사이의 접촉 등

매우 다양한 이들 접촉면에는 인간-동물 관계 측면에서 긍정적 역할을 수행하는 접촉뿐 아니라 부정적 역할, 또는 긍정 및 부정적 역할을 동시에 수행하는 접촉이 모두 포함되어 있다. 또한 사회에 그리 필요하지 않은 접촉과 반드

시 필요한 접촉, 관리가 어려운 접촉과 비교적 손쉽게 관리할 수 있는 접촉, 종간 병원체 전파 위험도가 높은 접촉과 비교적 위험도가 낮은 접촉 등 다양한 형태와 속성을 가진 접촉면이 뒤섞여 존재한다. 이러한 모든 접촉면에서 예측되는 인간 사회와 생태계의 위협 요소를 경감시키기 위한 관리방안이 필요하겠지만, 다양한 접촉면에 모두 동일한 정도의 관심을 기울이기 어렵기 때문에 관리를 위한 우선순위를 결정할 필요가 있다. 그러므로 각각의 접촉면에 대한 위험평가가 필요하며 위험평가를 위한 기준으로 다음과 같은 요소들을 고려할 수 있을 것이다.

- ○ 접촉 규모(접촉 가능 동물/사람/시설의 수)
- ○ 접촉 규모의 추세와 전망
- ○ 접촉의 형태 및 강도
- ○ 접촉점의 위생관리 상태
- ○ 접촉자의 건강상태와 활동범위
- ○ 접촉 동물의 건강/복지/환경 상태
- ○ 접촉 동물의 종류와 종 다양성
- ○ 접촉 동물과 다른 동물 사이의 이차 접촉 가능성 등

이와 같은 기준에 근거하여 국내에 존재하는 접촉면들에 대한 위험평가를 수행하고 그 위험 정도에 상응하는 관리방안을 마련하여 제도화한다면, 적어도 국내에서 새로운 신종질병과 팬데믹이 시작될 가능성을 상당 수준 낮출 수 있을 것으로 보인다.

고위험 접촉점의 예 : 육견농장

비록 야생동물보다는 그 개별 접촉에 따른 위험도는 낮다 하더라도, 인간과 밀접한 접촉을 하고 있는 가축 및 반려동물과 인간 사이 접점의 양상과 관리 방식에 대한 재점검도 분명히 필요하다. 반려동물은 일반인과 매우 광범위하고 일상적인 접촉을 하고 있다는 점에서, 가축은 고밀도의 대량 사육체계에 더해, 국내 산업동물 복지에 대한 취약한 인식과 관리제도의 부실로 인해 상당한 스트레스를 받고 있다는 점에서 신종질병의 매개자 또는 증폭자가 될 가능성을 충분히 지니고 있다고 보인다.

특히 한국적 상황의 특수한 시설인 육견농장은 신종 인수공통감염병과 팬데믹의 진원지가 될 가능성이 높은 고위험 접촉 지점으로 생각된다. 세계적으로 한국은 대규모 육견사육시설을 보유하고 있는 유일한 국가로 알려져 있다(동물권행동카라 등 2018). 더구나 육견농장에서의 사양관리, 사료공급, 육견 도축 및 유통과정은 현재 국가적 동물위생관리 제도 밖에 있는 관리의 완전한 사각지대이다. 대다수 육견농장은 야생동물과 접촉이 가능한 산골에 위치하고 있다. 설사 높은 울타리를 한다 하더라도 새, 곤충과 설치류 등 작은 포유류의 접근은 막을 수 없다. 상당수 육견농장은 이득을 위해 돼지, 닭 등 다른 종류의 가축을 함께 사육한다. 대다수 육견농장은 비용절감을 위해 음식물쓰레기와 축산폐기물을 사료로 사용하고 있어 인간, 육견, 반려동물, 가축, 야생동물의 병원체가 대량으로 교류되는 중요한 접점이 된다. 그러므로 이 접촉점을 현재 한국 사회에서 신종질병 발생의 근원지가 될 위험성이 가장 높은 지점으로 간주하고 시급히 대책을 마련할 필요가 있다. 만일 한국의 육견농장에서 개와 개 사이, 개와 다른 동물 사이, 그리고 개와 동물 및 사람 사이에 코로나19와 비슷한 또는 그 이상의 전파력을 갖춘 신종 인수공통감염병이 발생하고, 그것이 전 세계로 전파된다면 결과는 매우 참담할 것으로 예상된다. 비록 확률이 크지 않더라도 그 결과의 영향력이 크다면 위험이 크다고 봐야 하겠다.

참고 문헌

동물권행동 카라 등, 「개식용 종식 입법 국회토론회: 개식용 금지를 위한 선결 입법과제-현황과 전망」, 2018.

Allen, T., Murray, K. A., Zambrana-Torrelio, C. et al. “Global hotspots and correlates of emerging zoonotic diseases”, in *Nature Communications*, 8, 1124, 2017.

Fisher, M. C., Gurr, S. J., Cuomo, C. A. et al. “Threats Posed by the Fungal Kingdom to Humans, Wildlife, and Agriculture”, in *mBio*, 11(3), 2020.

Freuling, C. M., Breithaupt, A., Mülleret T. et al. “Susceptibility of Raccoon Dogs for Experimental SARS-CoV-2 Infection”, in *Emerging Infectious Diseases*, 26(12), pp.2982~2985, 2020.

Goymann, W., “What the Corona (SARS-CoV 2) pandemic, climate change, and the biodiversity crisis teach us about human nature”, in *Ethology*, 126(6), pp.593~594, 2020.

Gryseels, S., De Bruyn, L., Gyselings, R., Calvignac-Spencer, S., Leendertz, F., Leirs, H., “Risk of Human-to-Wildlife

Transmission of SARS-CoV-2" in *Preprints*, 2020.

Halliday, F. W., Rohr, J. R., "Measuring the shape of the biodiversity-disease relationship across systems reveals new findings and key gaps", in *Nature Communications*, 10, 5032, 2019.

Lorentzen, H. F., Benfield, T., Stisen, S. and Rahbek, C., "COVID-19 is possibly a consequence of the anthropogenic biodiversity crisis and climate changes", in *Danish Medical Journal*, 67(5), 2020.

Nadia, O., Molenaar, R. J., Sandra, V. et al. "SARS-CoV-2 infection in farmed minks, the Netherlands, April and May 2020", in *Euro Surveill*, 25(23), 2020.

O'Callaghan-Gordo, C. and Antó, J. M., "COVID-19: The disease of the anthropocene", in *Environmental research*, 187, 2020.

O'Hanlon, S. J., Rieux, A., Farrer, R. A. et al. "Recent Asian origin of chytrid fungi causing global amphibian declines", in *Science*, 360, pp.621~627, 2018.

Runge, M. C., Grant, E. H. C., Coleman, J. T. H. et al., "Assessing the risks posed by SARS-CoV-2 in and via North American bats—Decision framing and rapid risk assessment", in *U.S. Geological Survey Open-File Report 2020–1060*, p.43.

질 병 생 태 학

야생동물 유래 신종감염병에 대한 통합적인 이해

황주선

코로나19는 전 세계 213개국에서 여전히 그 전파가 진행 중에 있다. 아무런 기저증상도 없던 일개 질병이 어디선가 불쑥 나타나 전 세계를 휩쓰는 이 현실이 당혹스럽고 기묘하게 느껴질 만하다. 이제는 누구나 들어 봤을 코로나19와 같은 '신종감염병'이라는 것들은 대체 어디서 오는 걸까? 왜 누구도 예측하지 못했을까? 그리고 만일 예측했다면 막을 수 있었을까? 의문들이 꼬리를 문다. 신종감염병의 원인체들이 어디선가 혜성같이 등장했으리라 생각하기 쉽지만 ('신종'감염병이라는 이름부터가 그러한 느낌을 준다), 당연하게도 신종감염병이라는 것이 어느 날 외계에서 뚝 떨어진 것은 아니다. 신종감염병의 영명은 'emerging/re-emerging infectious disease'이다. 직역하면 어딘가에 있다가 이제야 사람들 앞에 모습을 (다시) 드러낸 질병 정도라고 할 수 있겠다. 이러한 감염병을 일으키는 원인체들은 인간과 함께 지구 어딘가에서 쭉 존재해 왔다. 따라서 오늘날 급증하는 신종감염병들의 기원과 이들의 동태를 알기 위해서는 신종감염병의 원인체들이 사람들, 또는 가축들에게 접근하는 것을 가능하게 한 사회적, 문화적, 환경적인 변화들을 이해해야 한다. 최근에 발생하는 많은 신종감염병들이 야생동물에서 유래했다는 점을 고려하면 중요한 것은 야생동물들이 갖고 있던 병원체들이 오늘날을 살아가는 인간들과 자연적, 인위적 거미줄들로 복잡하게 얽혀 살아가게 된 모습, 즉 이들의 '생태'를 이해하는 일이다.

질병생태학의 등장

과학기술이 발전하면서 대부분의 질병에 대한 연구에는 분자단위의 접근 기술과 시각이 주로 적용되었다. 병원체는 하나의 생물체로 이해되기보다 질병을 일으키는 '원인요인'으로 취급되곤 했다. 1900년대 중반에 이르러서야 몇몇 선구자적인 역학자, 바이러스학자 들을 통해 '질병생태학'의 필요성이 대두되기 시작했다. 이들은 기존 의학연구에서 활용되던 환원주의적인 접근법에서 벗어나 질병을 일으키는 병원체와 숙주가 다양한 환경 속에서 어떻게 상호작용하는지, 그리고 이러한 관계가 어떻게 질병의 병원성, 숙주의 면역성 등과 연결되어 있는지를 보고자 했다. 그 후에도 한동안 의학계 내에서 새로운 시각의 하나로 존재해 오던 질병생태학은 1990년대에 들어서 신종감염병들이 발생하고 통합적인 연구가 필요해짐에 따라 다시 주목받기 시작했다. 더 이상 한 분야를 깊게 파는 것만으로는 신종감염병을 이해할 수 없다는 사실을 납득하게 되면서 동물생태학자, 기생충학자, 바이러스학자, 공간역학자 등 각자의 분야에서 일하던 학자들이 새롭게 등장하는 질병들, 특히 야생동물에서 발생이 증가하는 질병들을 이해하기 위해 교감을 늘리고 협업을 시작했다. 야생동물 유래 신종감염병을 이해하기 위해 통합적인 분야를 연구하는 '질병생태학자'들 중에는 경관생태학자, 행동생태학자, 바이러스학자, 수의사, 수리 모델러 등 다양한 배경의 학자들이 섞여 있다. 이들의 공통점이 있다면 신종감염병을 연구하기 위해 본인의 전공분야 바깥의 다양한 전공분야를 활용하는 시각을 갖췄다는 점이다.

그동안 사람이나 동물의 감염병에 대한 연구는 진단과 치료에 집중되어 왔다. 감염병에 걸린 개체들의 개체군이나 집단보다는 질병에 걸린 한 개체의 체내, 장기, 세포 내, 유전자 단위 등 점점 좁은 단위로 좁혀 가며 질병증상을 일으키는 생리학적, 생화학적 요인들과 그 기전들을 밝히는 과정이었다. 이를 기반으로 증상을 완화하는 치료제와 항원 및 항체 단위에서 질병 감염을 예방하는 백신을 개발하는 것이 우리에게 익숙한 질병에 대한 연구였고, 현재도 그러하다. 가축의 경우는 그나마 개체군 단위의 역학연구가 이뤄지기도 했으나, 대부분의 주요 질병에 대한 백신이 개발되어 대규모 폐사 발생이 줄어들면서 개체군 단위의 질병 발생 원인을 연구하는 역학의 중요성은 의학에서도, 수의학에서도 많은 부분 간과되어 왔다.

국내에서는 아직 이러한 흐름이 현재진행형이라 질병

생태학은 미처 도입되지 못한 낯선 신생 학문분야에 속한다. 질병생태학을 굳이 한마디로 정의하자면 질병과 미생물을 여타 다른 동물이나 식물처럼 환경 내의 생태적, 진화적 존재로 이해하고 연구하는 학문이라 할 수 있다. 병원체와 숙주동물 간의 상호작용에 대한 생태학적 연구라고 설명하기도 한다. 하지만 이런 설명은 많은 사람들에게 여전히 매우 모호하고 추상적으로 들릴지 모른다. 현대 사회에서 '생태', '에코'라는 말이 분야를 막론하고 빈번하게 사용되고 있지만, 실제로 12년의 정규교육 과정을 거치며 생물이나 생태에 대해 학습한 내용은 부재했거나 매우 빈약했기 때문일 것이다. 단순히 말하면 '생태적인 존재'는 '연결되어 있는 존재'라고 말할 수 있다. 생태적인 존재는 자신을 둘러싼 수많은 환경적인 무생물 요인(강우량, 계절변화, 온도, 인간의 영향 등)들, 그리고 여타 동식물과 같은 생물적 요인들과 얽히고설켜 상호작용을 한다. 여기서 상호작용이란 사람 사이의 그것처럼 A와 B가 서로의 존재를 인지하고 의도적으로 어떠한 행위나 영향력을 행사한다는 의미라기보다, '결과적'으로 서로에게 그리고 서로로부터 직간접적인 영향을 주고받는다는 의미로 이해할 수 있다.

미생물과 질병의 관계, 그리고 질병생태학의 관점

앞에서 언급한 것처럼 본격적으로 질병생태학에 대한 관심이 높아진 것은 1990년대라고 알려져 있다. 신종감염병의 발생과 맞물려 야생동물의 질병에 대한 관심이 높아지면서, 인간은 왜 갑자기 어디선가(또는 왜 갑자기 야생동물에게서) 높은 병원성을 유발하는 병원체 및 질병들이 나타나 사람을 감염시키는지 그 원인과 근원을 찾아야 했다. 인간은 비로소 한 개체의 몸 안에서 몸 밖으로, 그리고 자신들을 둘러싼 환경과 서로 둘러싸고 둘러싸인 관계들로 시선을 돌리게 되었다. 이제는 질병의 앞 단계, 즉 숙주와 미생물이 만나 질병을 일으키기 전의 관계를 봐야 한다는 지각을 갖게 된 것이다.

사실 우리가 알고 있는 감염병의 원인이 되는 원인체들은 그저 미생물일 뿐이다. 그리고 모든 미생물은 사람, 가축, 야생동물과 똑같이 그저 자신들의 삶을 살아간다. 이들은 숙주 체내 증식과 전파를 통해 자신들에게 주어지는 모든 기회를 활용하여 번식하고자 한다. 신종감염병을 두고 자연의 습격이라는 식으로 표현하는 것은 그저 드라마적 사고일 뿐 실제로 벌어지는 일은 극히 건조하고 기계적이다. 미생물들은 그저 자신들에게 주어진 새로운 기회, 더 많은 숙주로의 노출을 적극 활용하고 있을 뿐이다.

미생물에게 숙주동물은 자신들에게 에너지원과 서식지를 제공하는 자원이다. 숙주동물은 자신들의 증식체를 밖으로 배출해 주기도 하고 널리 퍼뜨리거나 자신들에게 딱 맞는 숙주동물에게 직접 전해 주기도 하는 필수불가결한 존재이다. 자연환경에서 미생물과 그들의 숙주는 긴 시간 동안의 공진화를 통해 안정된 관계를 유지하고 있다. 그래서 대부분의 숙주-미생물 관계는 외부환경이나 개체군의 급격한 변화가 발생하지 않는 한 질병이나 대역병으로 이어지지 않는다. 다시 말해 숙주와 미생물의 모든 만남이 질병으로 발전되는 것도 아니고, 당연히 멸균된 무균상태가 건강한 것도 아니다. 따라서 야생동물 유래 신종감염병을 이해하기 위해서는 인간에게 '신종감염병'을 일으키는 이 미생물들이 자연환경에서 야생숙주들과 어떻게 살아 왔는지를 먼저 알아야 한다. 이들이 숙주에서 감염을 일으키는 패턴들은 어떠한지, 숙주 개체, 개체군 그리고 환경요인들에 어떠한 영향을 받는지, 그리고 반대로 감염상태나 감염병을 통해 어떻게 자신들의 숙주종과 그 주변 환경에 영향을 일으키는지를 이해해야 한다. 그리고 마침내 그 지식들을 기반으로 이러한 미생물들이 어떠한 경로로 인간에게 올 수 있었는지, 또는 반대로 인간은 어떻게 이들에게 인간사회로 들어올 수 있는 다리를 놓아 주었는지 밝힘으로써 야생동물 유래 신종감염병의 발생을 예방하고 대응해야 한다. 이것들이 바로 질병생태학의 주요 연구 질문들이며, 질병생태학이 신종감염병의 팬데믹 시대에 더 큰 관심을 받게 된 이유이다.

질병생태학이 답하고자 하는 질문들

질병생태학은 태생부터 다양한 분야가 통합된 학문인만큼 그 연구주제들이 광범위하고 복잡하다. 또 질병에 관한 연구임에도 불구하고 기존의 의학보다는 생태학의 접근 및 연구방법을 활용하는 것이 더 적합한 경우가 많아 이론적인 서술로는 생소하게 느껴지기 쉽다. 따라서 몇 가지 대표적인 연구주제들을 소개해 보고자 한다.

1. 기생충과 야생동물 개체 및 개체군과의 상호작용에 대한 연구

1900년대 시작되어 진행되어 온 장기연구들은 대단한 질병을 일으키지 않는 장내기생충들이 어떻게 숙주 개체 또는 개체군과 연결되어 이들에게 주기적인 영향을 미치는지에 대한 현장 증거들을 수집하고 보고하여 가장 기초적인 이론들을 제시하고 있다. 그중 가장 대표적인 것이 스코틀랜드 히르타 섬에 서식하는 야생 양soay sheep 개체군의 관찰 연구와, 영국에서 수렵된 붉은뇌조red grouse; Lagopus lagopus scoticus 개체수 변화와 기생충 감염에 대한 장기 수렵데이터를 활용한 연구다. 이 연구들은 숙주 개체의 특성과 조건, 환경에 따라 언제 장내기생충의 감염률이 높아지고 낮아지는지에 대한 실질적인 증거들을 제공하고 있다. 예컨대 연구자들은 히르타 섬에 서식하는 야생 양의 경우 거의 항상 나이와 상관없이 암컷보다 수컷에서 기생충 감염률이 높다는 사실을 알아냈으며 이러한 전반적인 양상에도 불구하고 임신기간에는 체내 에너지 저하로 인해 암컷의 기생충 감염률이 수컷보다 더 높아진다는 사실도 관찰했다. 개체들이 태어난 후부터 폐사 때까지 나이 들어감에 따라 기생충에 대한 감염도가 낮아졌다가 다시 높아지는 U자형 패턴을 보인다는 것 또한 현장데이터로 확인했다. 또 다른 중요한 발견은 포식자가 없는 고립된 섬 서식지에서도 정기적으로 발생하는 혹독한 겨울 기후와 개체군 밀도 증가에 의해 발생하는 기생충 감염률 증가라는 두 가지 요인에 의해 개체수가 조절된다는 것이다. 특히 기생충은 일상적으로 건강한 상태의 개체에서는 폐사의 원인으로 기능하지 않으나, 기후의 악화로 개체들의 영양상태가 낙후된 상황에서는 결정적인 영향을 미쳐 기생충에 감염된 많은 개체들의 폐사로 이어졌다. 역시 영국의 붉은뇌조에서도 개체군 크기의 주기적 급감과 장내기생충 감염이 관련되어 있다는 사실을 관찰했으며, 더 나아가 구충제를 투여하는 실험을 진행함으로써 구충제를 투여한 개체군은 컨트롤 그룹에 비해 정기적인 개체수 급감현상이 발생하지 않거나 그 감소 정도가 매우 작게 나타남을 관찰했다. 또 뇌조 개체군의 변화를 일으키는 동력이 기생충 한 가지만이 아니며, 더 나아가 수컷 개체의 공격성 차이와 기생충 감염이 밀접하게 연관되어 있어(공격성이 높을수록 기생충 감염률 증가) 복합적으로 개체군의 크기 변화에 영향을 미친다는 사실을 밝힌 바 있다. 이처럼 초기의 연구들은 인간에 의한 환경 급변의 영향보다는 병원체(흔히 거대기생충)와 숙주가 '안정'된 상태에서 장기적인 상호작용을 맺는 패턴을 관찰했다.

2. 숙주 및 환경조건에 따른 바이러스성 병원체의 진화 및 스필오버에 대한 연구

질병이나 병원체의 진화를 언급할 때 가장 자주 등장하는 것이 인플루엔자 또는 코로나바이러스다. 이들은 모두 RNA바이러스이며 자신들의 유전자 합성과정에서 서열을 검토하는 과정이 없기 때문에 변이가 매우 빈번하게 발생한다. 안정된 환경에서는 이것이 불리한 특성일 수 있으나, 환경조건의 변화가 빈번한 경우에는 이에 대한 적응력이 있는 돌연변이 유전형들이 발생하고 선택될 가능성이 높아진다. 결과적으로는 새로운 질병 발생 양상이 진화해 나가는 과정을 동시간대에 관찰할 수 있다는 특성이 있다. 여기서 새로운 환경조건에는 새로운 숙주종이 포함된다. 기존에 A라는 숙주종의 체내에 기생하여 살던 미생물에게 B라는 새로운 숙주종에 감염을 일으킬 수 있는 기회가 반복적으로 주어진다면, 결국 돌연변이 발생과 기회의 축적으로 B라는 종을 감염시키고, 더 나아가 A숙주종이 부재한 상황에 B숙주종의 개체만으로도 감염병의 순환을 유지시킬 수 있는 미생물의 유전형들이 선택될 것이다. A에게서 질병을 일으키지 않던 이 미생물은 B에서 감염됨과 동시에 병리증상을 일으키고 결국에는 미생물에서 '병원체'로 기능하게 된다. 새로운 숙주종의 개체수가 많고 과밀한 공간에 모여 있을 경우 해당 병원체는 고병원성의 방향으로 더욱 진화하게 된다.

이러한 현상이 현실세계에서 나타난 것이 바로 고병원성 조류인플루엔자 또는 박쥐 유래 바이러스성 질병(SARS, MERS, 니파바이러스, 헨드라바이러스 등)이라고 볼 수 있다. 고병원성 조류인플루엔자 H5N1의 경우 야생조류들과 공존하던 저병원성 인플루엔자 유전형이 과밀한 가금농장의 환경을 거쳐 고병원성 유전형으로 진화된 것으로 알려져 있다. 병원체의 입장에서 감염에 취약한 숙주 개체들이 지속적으로 제공되는 환경은 고병원성 병원체가 선택되어 진화되기에 가장 적합한 환경이다. 박쥐 유래 바이러스 중 니파바이러스나 헨드라바이러스 같은 경우에는 자연산림이 파괴되고 들어선 농장과 그 주변에 심어진 과실수에 의존하는 과일박쥐, 사람 그리고 가축이 서로의 분비물과 배설물에 반복적으로 노출됨에 따라 발생한 신종감염병으로 알려져 있다. 이러한 바이러스성 야생동물 유래 신종감염병이 발생한 기전의 공통점은 인간의 다양한 활동이 기존에 접촉이 없거나 적었던 야생동물 숙주와 사람 간의 접촉 기회를 증가시켰다는 점이다. 병원체는 이 기회를 활용해 인간이라는 새로운 숙주에 감염을 일으키고 그 안에서 전파가 가능해지도록 진화한다. 최근 발생한 인수공통 신종감염병들을 분석한 결과, 인간에 의한 서식지 파괴와 야생동물 거래 등으로 인해 멸종위기종이 된 야생동물의 종이 그렇지 않은 종들에 비해 더 많은 인수공통 신종병원체들을 보유하고 있는 것으로 나타났다. 인간은 야생동물종들을 착취하기 위해 이들의 서식지를 파괴하고 야생동물을 포획해 거래하지만, 그 과정에서 인간 또한 이들로부터 더 많은 신종감염병을 얻고 있음을 알 수 있다(Johnson et al. 2020).

3. 현대의 가축사육 방식과 신종감염병의 위험

질병생태학 연구가 반드시 야생동물에 대한 연구여야 하는 것은 아니다. 질병은 가축들 내에서도 다양한 요인들과 연결되어 있기 때문에 가축을 대상으로 한 진화 및 생태

연구들 역시 진행되고 있다. 오늘날 인류가 가축을 사육하는 공장식 밀집 축산방식은 신종감염병의 발생을 촉진시키는 핵심 원인들 중 하나로 빈번하게 거론된다(UNEP보고서 2020). 가장 대표적으로 우려되는 곳은 닭, 돼지 사육장과 어류양식장인데, 병원체들의 진화생태를 생각해 본다면 이것은 예견된 위험이라고 볼 수 있다. 병원체의 입장에서 밀집사육되고 있는 가축 집단은 기존에 병원체들이 받고 있던 중요한 선택압, 즉 병원성이 높은 유전형을 도태시키는 선택압으로부터 자신들을 해방시켜 준다.

병원체들은 숙주동물들을 감염시킨 이후에도 계속 살아서 다양한 방식으로 다른 미감염 숙주동물들에게 병원체를 옮겨야 지속적으로 전염을 이어갈 수 있다. 따라서 감염 후 단시간 내에 숙주를 죽이는 병원체 유전형은 지속적으로 전염을 이어갈 기회를 잃고 도태되고 만다. 이는 병원체의 '이상적인 병독성 이론optimal virulence theory'을 설명하는 기전으로, 장기간 공진화한 숙주와 병원체 들이 무증상, 또는 가벼운 증상으로 평형상태를 이루는 이유라고도 설명된다(Brook & Dobson 2015). 그러나 만일 단시간 내에 숙주를 죽여도 근접한 시공간적 거리에 또 다른 숙주동물들이 즐비하다면 상황은 뒤바뀔 것이다. 숙주를 살려 두는 것은 더 이상 병원체에게 유의미한 이점을 주지 못하게 되며, 밀집사육되고 있는 숙주동물들 속에서 오직 무한대에 가까운 전파와 변이발생만이 일어나게 될 것이다. 게다가 밀집사육되고 있는 가축들의 면역상태는 영양공급, 스트레스, 유전적 원인 등에 의해 저하되어 있어 질병 감염에 매우 취약하다. 다시 말해 이들은 병원체들에게 더없이 '쉬운' 감염체이며, 밀집사육 환경은 고병원성 병원체 유전형이 진화선택되기에 이상적인 여건이라고 해석할 수 있다. 야생철새에 의해 유입된 조류인플루엔자 바이러스를 급속도로 증폭시켜 고병원성 유전형이 나타날 수 있는 환경을 제공한 것은 밀집 가금농장이었다(Lebarbenchon et al. 2008). 흔히 함께 운영되는 밀집사육식 돼지농장과 가금농장은 인플루엔자 바이러스가 섞이는 데 '이상적인' 우려 상황을 조성한다고 지적된다(Espinosa et al. 2020). 더불어 최근에는 연어 등의 어류양식장에서 바다물이sea lice뿐만 아니라 고병원성의 세균성 질병이 보고되고 있다(Pulkkinen et al. 2010). 이러한 양식장 발생 질병의 문제는 양식장 안에서 밖으로 병원체들이 넘나들며 야생 어류 개체군들의 건강까지 위협하게 된다는 점이다. 마지막으로 원헬스 개념을 고려했을 때, 이제는 사람과 야생동물, 그리고 가축의 건강과 안녕 모두를 위해 공장식 축산을 대체할 수 있는 건강한 대안을 고민해야 할 것으로 보인다.

결론

질병생태학은 야생동물 유래 신종감염병이 증가하는 현 시점에 그 중요성이 높아지고 있는 분야다. 그러나 질병생태학이 성장하기 위해서는 필요한 조건들이 있는데, 바로 야생동물의 생태에 대한 풍부한 기초생태 데이터와 이러한 데이터를 모으고 연구할 수 있는 생태학자들이다. 가장 단적으로 야생동물 행동생태 연구만을 봐도 우리나라는 소위 '선진국'이라는 국가들에 비해 약 70년에서 80년 정도 뒤쳐진 것으로 보인다. 이처럼 야생동물 생태연구에 앞서간 국가들의 경우, 주요 야생 토착종들의 행동반경이나 서식지 사용을 장기적으로 연구한 기초 연구 논문들을 보려면 거의 1930~1940년대까지 거슬러 올라가야 한다.

그러나 국내의 경우, 연구 지원은 주로 오랜 기간 동안 수익을 창출할 수 있는 기술개발연구에 집중되어 왔고, 이는 한국이 경제적 선진국의 반열에 올라선 현재까지도 변함이 없다. 과학이 곧 기술로 인식되어 온 상황 속에서 다른 기초자연과학 연구들과 마찬가지로 야생동물의 기초적인 생태를 연구하는 장기 연구에 대한 지원은 극도로 적었고, 당연히 이러한 연구를 진행할 수 있는 학자들 또한 양성되지 않았다. 설령 질병생태학이라는 분야가 도입된다고 해도 그 성장이 다른 나라들에 비해 더딜 수밖에 없는 이유가 바로 여기에 있다.

야생동물 유래 신종감염병을 더 잘 이해하고 관리하기 위해서는 지금이라도 기초로 돌아가 우리가 우려하는 병원체들과 자연 속에 더불어 서식하는 야생의 숙주들, 즉 토착 야생동물들이 살아가는 방식을 심도 깊게 연구할 필요가 있다. 매년 환경의 변화에 따라 야생동물의 생태가 변하고 더불어 이들이 병원체와 영향력을 주고받는 양식에도 변화가 생긴다. 따라서 이러한 생태연구는 1, 2년의 단발성으로 무의미하게 끝나기보다 장기적인 안목으로 계획되어야 한다. 한두 명의 저명한 교수에게 연구비를 몰아주기보다 다양한 현장 연구자들을 양성할 수 있어야 하는 것이다. 실험실에서 이루어지는 분자단위의 질병 연구뿐만 아니라 환경 속에서 질병이 살아가는 방식을 거시적으로 연구하기 위한 다각적인 지원과 노력이 체계적으로 이뤄질 때, 질병생태학과 이를 활용한 야생동물 유래 신종감염병에 대한 대응 또한 유의미한 발전을 할 수 있다.

참고문헌

Anderson, W., "Natural Histories of Infectious Disease: Ecological Vision in Twentieth-Century Biomedical Science", in *Osiris*, 19, 2nd series, pp.39~61, 2004.

Brook, C. E. and Dobson, A. P., "Bats as 'special' reservoirs for emerging zoonotic pathogens", in *Trends Microbiol*, 23, pp.172~180, 2015.

Coker, R. J., Hunter, B. M., Rudge, J. W., Liverani, M., Hanvoravongchai, P., "Emerging infectious diseases in southeast Asia: regional challenges to control", in *Lancet*, 377, pp.599~609, 2011.

Espinosa, R., Tago, D. and Treich, N., "Infectious Diseases and Meat Production", in *Environ Resource Econ*, 76, pp.1019~1044, 2020.

Hollenbeck, J. E., "Interaction of the role of Concentrated Animal Feeding Operations(CAFOs) in Emerging Infectious Diseases(EIDS)", in *Infection, Genetics and Evolution*, 38, pp.44~46, 2016.

Johnson, C. K., Hitchens, P. L., Pandit, P. S., Rushmore, J., Evans,

T. S., Young, C. C. W. and Doyle, M. M., "Global shifts in mammalian population trends reveal key predictors of virus spillover risk" in *Proc. R. Soc. B.*, 287, 2020.

Lebarbenchon, C., Brown, S. P., Poulin, R., Gauthier-Clerc, M. and Thomas, F., "Evolution of pathogens in a man-made world", in *Molecular ecology*, 17(1), pp.475~484, 2008.

Pulkkinen, K., Suomalainen, L. R., Read, A. F., Ebert, D., Rintamaki, P. and Valtonen, E. T., "Intensive fish farming and the evolution of pathogen virulence: the case of columnaris disease in Finland", in *Proc Biol Sci*, 277, pp.593~600, 2010.

Ugelvik, M. S., Skorping, A., Moberg, O., Mennerat, A., "Evolution of virulence under intensive farming: salmon lice increase skin lesions and reduce host growth in salmon farms" in *Journal of Evolutionary Biology*, 30, pp.1136~1142, 2017.

Wilcox, B. A., Gubler, D. J., "Disease ecology and the global emergence of zoonotic pathogens", in *Environmental Health and Preventive Medicine*, 10, pp.263~272, 2005.

한국 질병관리체계와 인간-동물질병의 공동구성

김기흥

들어가는 말: 성공과 실패를 통해 얻을 수 있는 것

2020년은 코로나19의 확산과 팬데믹으로 한국 사회는 물론 전 세계의 정상적 사회활동이 중단된 전례 없는 시간으로 기억될 것이다. 세계보건기구는 지난 2020년 12월 15일 기준으로 전 세계 코로나19 확진자 숫자가 7,200만 명을 돌파했으며 사망자도 162만 명에 이르고 있다고 발표했다. 하루에만 확진자의 숫자가 20만 명이 넘을 정도로 코로나바이러스의 확산 속도는 거세다. 비록 확산의 방향이 동서에서 남북으로 바뀌면서 유럽과 아시아 지역에서는 1차 파도가 지나간 것처럼 느껴지지만 바이러스는 여전히 북미와 남미지역을 종단하면서 종횡무진 확산되고 있다. 많은 전문가가 최악의 겨울을 맞을 수 있음을 경고한다. 하지만 대부분 전문가 주장의 근거는 1918년 이후 몇 차례 전 세계적 팬데믹을 일으킨 독감의 확산모델에 근거하고 있다. 코로나바이러스와 독감바이러스는 그 확산과 감염의 패턴이 확실히 다르다. 영국 런던대학교 킹스칼리지의 칼로 캐더프Carlo Caduff와 미국의 감염병 연구자 마이클 오스터홈

Michael Osterholm은 현재 독감기반 모델과 비유에 대한 재고를 촉구한다(Caduff 2020). 이들은 독감의 확산모델과 비유는 코로나바이러스의 그것과 상당히 구분되는 특성을 보이고 있으며 '파도wave'의 비유로는 현재 확산 과정을 설명할 수 없다고 주장한다. 대신 오스터홈의 경우 코로나바이러스를 '진화하기 어려운 거대한 산불'로 볼 것을 제안했다.* 현재 코로나바이러스의 방역을 위해 각 국가들은 보건의료체계 보존과 경제적 피해 최소화라는 절체절명의 목적에 따라 각기 다른 정책을 추진하고 있다. 일반적인 대응보다 다양한 정책을 추진하는 이유는 "전혀 모르는 것unknowns에 대해 마치 알고 있는 것처럼 대응하고" 있기 때문이다(Smith 2020). 우리가 이 "전혀 모르는 것"에 마치 아는 것처럼 대응하는 이유는 무엇일까? 신종감염병에 대한 질병관리governance of diseases가 대개 과거의 질병경험에 근거하기 때문이다.

2020년 3월에 이르러 전 세계적으로 코로나바이러스가 급속도로 확산되면서 이에 대한 대응이 긴급하게 요구되었다. 중국으로 대표되는 지역봉쇄정책regional lockdown이 진행되었지만 서구에서는 이 봉쇄정책을 "극단적"이고 "가혹한" 전략이라고 비판하면서 중국과 같은 권위주의 체제에서나 가능한 것이라고 평가했다.** 하지만 한국의 경우

* "Osterholm: Covid is a "forest fire" that may not "slow down""(2020년 6월 21일 작성), NBC News.

** Qin, A., Myers, S. L. and Yu, E., "China tightens Wuhan lockdown in "wartime" battle with coronavirus"(2020년 2월 6일 작성), The

중국의 극단적인 전략과는 달리 봉쇄를 우회한 유연한 중앙집중적 억제 전략을 사용했다. 특히 테스트-추적-격리치료test-trace-isolate 방법은 효과적으로 질병의 확산 고리를 끊었다. 봉쇄나 도로차단, 이동제한 없이 이루어 낸 한국의 방역정책은 독일과 대만의 방역정책과 더불어 가장 성공적인 방역정책으로 평가되고 있다. 한국의 방역정책이 효과적 결과를 가져온 이유 중 하나는 2000년대 반복적으로 발생했던 '인간-동물(가축)감염병' 방역의 경험을 통해 형성된 전략 때문이다.* 특히 2002년 발생한 중증급성호흡기증후군SARS과 2003년 이래 지속적으로 발생해 온 조류독감Avian influenza, 2010년 전국의 축산농가에 치명적 피해를 일으킨 구제역FMD, 2015년 한국 사회 전체를 마비시켰던 중동호흡기증후군MERS, 그리고 지난 2019년 접경지역에 확산되었던 아프리카돼지열병ASF의 경험은 다른 국가들보다 훨씬 정교하고 중앙집권적인 감염병 방역체계를 구축하는 데 큰 역할을 했다.

New York Times. ; Levenson, M., "Scale of China's Wuhan shutdown is believed to be without precedent"(2020년 2월 22일 작성), The New York Times.

* 이 글에서 인간과 동물에서 공통으로 발생하는 '인수공통감염병'이라는 단어보다 '인간-동물(가축)감염병'이라는 용어를 사용한 이유는 한국에서의 질병경험의 근간이 인수공통감염병을 넘어 인간-동물감염병을 통해 형성되었기 때문이다. 가장 대표적인 사례가 2010년 발생한 우제류 동물에게 발생하는 구제역과 2019년 발생한 돼지에게서 발생하는 아프리카돼지열병이다.

전례 없는 사태에 대한 성공적 상상력 : 한국의 질병 거버넌스

코로나19는 경험한 적 없는 질병경험이다. 그래서 실제 경험 데이터가 부재한 상황에 직면하게 된다. '알 수 없는' 질병unknown disease에 대응하려면 항상 특정한 상상력distinct imaginary을 동원할 수밖에 없다. 말라리아나 에볼라 같은 질병과 글로벌 보건문제를 연구하는 앤 켈리Ann H. Kelly는 전례 없는 대응이 요구되는 상황에서 "전례 없는 사태에 대한 상상the imaginary of an unprecedented event"이 나타난다고 주장했다(Kelly 2020). 이 전례 없는 사태에 대한 상상을 가능케 한 것이 과거의 질병경험이다. 한국의 질병 거버넌스의 기초는 모델링이나 체계적인 계획에 근거한 대응이라고 보기에는 어려운 측면이 많다. 차라리 한국의 성공적인 방역은 경험주의적 모델empiricist model에 가깝다. 대부분 서구의 대응 모델이 경험적 데이터의 부재라는 조건에서 이루어진 추상적 '상상력', 즉 독감모델을 근거로 한 상상에서 구축된 모델이라면, 한국의 접근법은 경험에 근거한 상상에서 구축된 모델이다. 지금까지 한국은 다른 국가들보다 비교적 성공적으로 코로나19의 확산을 막아 왔다. 12월 중순 기준 확진환자는 45,442명으로 서구국가의 감염 확진자 숫자와는 비교할 수 없게 적다. 사망자의 경우도 612명에 불과하다.* 많은 전문가는 한국 방역정책이 성공한 핵심적 요인을

* 질병관리본부, "코로나바이러스 감염증-19(Covid-19)", http://ncov.mohw.

광범위하고 공격적인 형태의 테스트 시스템에서 찾고 있다. 현재까지 누적된 검사자의 숫자는 348만 명 이상으로, 한국은 감염자와 접촉자 들을 대상으로 한 테스트-추적 시스템을 가장 공격적으로 시행했다.* 한국의 접근법은 세계보건기구가 제시한 원칙에 가장 충실한 억제정책으로 평가받는다. 테스트-추적-격리치료라는 전략은 어떤 형태로든 사회적 이동을 제약하거나 봉쇄하는 일 없이 코로나바이러스의 확산을 '억제'한 사례가 되고 있다. 물론 방역정책의 성공요인을 논의할 때 강력한 기술적인 추적시스템의 작동과 신용카드 사용 추적방식과 같은 개인정보의 사용, 그리고 '드라이브-스루 테스트' 방법과 같은 기술적 혁신은 빠지지 않고 언급된다.** 하지만 이러한 기술혁신과 강력한 테스트 시스템이 가진 강점에 대한 논의는 이 글의 주제가 아니다. 대신 우리가 다루고자 하는 것은 한국의 질병 거버넌스의 이면에 존재하는 특성을 파악하는 것이다.

서구의 질병 거버넌스에서 중요한 요소가 '수학적 모델링'과 '독감모델'에 근거한 추상적 접근법이라면 한국의 질병 거버넌스에서 주목해야 할 것은 '질병경험의 제도화institutionalisation of disease experience'이다. 2000년대에 들어서면서 인수공통감염병을 포함한 다양한 인간-동물(가축)

go.kr (2020년 12월 16일 기준)

* Dudden, A. and Marks, A., "South Korea took rapid, intrusive measures against Covid-19 and they worked"(2020년 3월 20일 작성), The Guardian.

** Shorrock, T., "How South Korea triumphed, and the US floundered, over the pandemic"(2020년 3월 20일 작성), The Nation.

감염병이 주기적으로 발생하는 빈도가 폭발적으로 증가했다. 방역정책의 내용에 시민들의 개인정보와 자유를 침해할 가능성이 충분히 존재함에도 불구하고 한국 시민사회는 큰 저항 없이 개인의 사적영역을 침해할 수 있는 추적기술의 사용과 개인 자유의 제한을 수용했다. 대부분의 전문가들은 그 이유를 사스-메르스로 이어지는 인간감염병의 확산경험에서 찾는다. 이러한 경험은 결국 중앙집중적 방역과 디지털기술의 사용 그리고 강력한 자가격리 시스템의 빠르고 효과적인 전개로 이어질 수 있었다(Caduff 2020). 한국의 방역정책과 관련하여 항상 빠지지 않고 제시되는 사례가 2015년 메르스의 확산과 그에 따른 방역경험이다.*

2015년 발생한 메르스는 한국 사회에 다른 감염병보다 훨씬 강력한 영향을 미쳤고 따라서 이를 계기로 방역정책 및 제도를 재정비하게 된 것이 사실이다. 메르스 확산과 사망자의 증가로 사회적 불안이 커지자 시민들의 사회활동은 급격히 감소했고 경제적 손실이 이어졌다. 2003년 사스, 2010년 구제역 사태에 이어진 국가적 재난으로서 메르스의 확산은 한국의 경제, 사회, 문화에 엄청난 충격을 준 사건이기도 했다. 메르스는 2018년 5월 첫 환자가 보고된 후 186명의 환자를 발생시켰고 그중 37명의 환자를 사망에 이르게 한 전례 없는 감염병으로 기록되었다(김기흥

* Normile, D., “Coronavirus cases have dropped sharply in South Korea. What’s the secret to its success?”(2020년 3월 17일 작성), Science ; 김준혁, “메르스에서 배운 것, 코로나19에서 배울 것”(2020년 4월 6일 작성), 한겨레신문.

2016; 정윤진 & 최선 2017; 박재희 & 고대유 2017). 메르스 사태로 경제성장률은 0.15~1퍼센트까지 하락한 것으로 보고 있다. 국내총생산 규모로 환산하면 3조~4조 5,000억 원가량의 손실이 발생한 셈이다. 메르스는 이와 같은 경제적 타격뿐 아니라 감염병의 확산이 재난이라는 인식을 뚜렷하게 각인시키기도 했다. 질병통제의 측면에서 새로운 제도를 도입할 수 있게 한 중요한 계기가 되었음은 분명하다. 메르스가 '질병경험을 제도화'하는 데 결정적인 기여를 한 측면은 크게 세 부분에서 찾을 수 있다. 우선 2015년 한국에서 확산된 메르스는 주로 병원 내 감염을 통해 확산되었다. 2003년에 발생했던 다른 코로나바이러스 질병인 사스의 높은 감염력과 달리 중동국가의 병원에서 확산된 메르스는 병원에서의 감염병 관리에 경종을 울렸다. 한국 사회 의료체계의 맹점으로 부각되었던 (1)의료쇼핑과 (2)다인실 입원 (3)격리진료실의 부재부터 국제표준이라 여겨졌던 '2미터 거리 안에서 1시간 이상'이라는 감염 가능성의 기준에 이르기까지 다양한 문제점을 노출시킨 것이다. '병원 내 감염intra-hospital infection'과 '병원 간 감염inter-hospital infection'의 문제는 병원 내부 그리고 병원 사이의 방역조치가 얼마나 중요한지를 알리는 계기가 되었다(Ki Moran 2015). 메르스 이후 응급실 내 격리진료실(음압병실) 부족과 같은 문제가 개선되면서 코로나19의 대규모 확산 과정에서 의사나 간호사와 같은 병원관계자가 감염될 위험이 감소한 것은 분명하다. 둘째로 메르스가 질병 거버넌스에 기여한 점은 질병경험 제도화의 실질적 측면이라고 할 수 있는 '감염병의 예

방 및 관리에 대한 법률(감염예방법)'의 개정이었다. 이 법률의 개정으로 지금까지 '개인정보 보호법' 제58조의 해석을 통해 환자나 감염의심자에 대해 제한적인 정보수집만을 했던 문제를 해결하게 되었다(유익준 2018; 최은경 2020). 이를 통해 한국의 코로나19 방역 성공의 비밀무기라고 소개된 효과적인 추적기술을 전개할 수 있게 된 셈이다. 환자의 신용카드 사용내역에서 스마트폰을 이용한 위치추적, 역학조사관의 CCTV 조사를 통한 이동경로 및 접촉자 추적에 이르기까지, 개인정보 침해의 우려를 무릅쓰고라도 사회의 공적이익을 위해 개인의 자유를 긴급히 제한하는 방법이 법적으로 보장되었다.* 마지막으로 메르스의 확산과 이로 인한 혼란의 이면에는 '진단방법'의 문제도 있었다. 메르스 검사결과를 둘러싼 논란이 끊임없이 제기되었고(6월 10일부터 17일 사이에 있었던 성남 초등학생의 사례는 대표적이다. 6차례 검사 결과가 음성→양성→양성→음성→판정불가→음성으로 나오자 혼돈이 발생했고 방역당국은 '어린아이를 데리고 실험을 한다'는 오명을 뒤집어쓰게 되었다**) 질병관리본부가 개발해 놓은 메르스 진단법은 폭발적 메르스 확산 속도를 따라잡을 수 없었다. 결국 질본은 민간업체에서 새로운 시약을 만들어 개발하는 데 걸리는 시간을 줄이기 위해 2017년 '긴급사용승인제도'를 도입해 감염병 대유행이 우려되는 상황에서는

* The Government of the Republic of Korea, "Tackling Covid-19: Health, Quarantine and Economic Measures - Korean experience", MOEF & KCDC, 2020.

** 대한감염학회, 『메르스 연대기 - 대한감염학회 백서』, 대한감염학회, 2016.

식품의약품안전처가 제조·판매·사용을 한시적으로 승인하도록 했다.* 이러한 제도개선과 메르스에서 얻은 교훈으로 중국 우한에서 알려지지 않은 신종감염병이 발생했다는 소식이 전해진 직후인 2020년 1월 13일 신종코로나바이러스 진단법을 개발하기 시작했고, 2월 7일부터는 검사시설(주로 PCR장비)을 갖춘 50여 개 병원에 진단키트를 배포함으로써 테스트-추적-격리치료의 시스템의 기반시설을 갖추게 되었다.

감염병과 질병 거버넌스의 공동구성co-construction : 인간-동물(가축)질병 거버넌스

1. 인간-동물(가축)감염병의 확산

앞에서 다룬 한국의 성공 스토리는 일반적으로 소개되는 설명이다. 그리고 이와 같은 진단과 분석은 많은 매체를 통해 다루어졌고 일종의 긍정적 담론으로 전환되면서 '전례 없는 사태에 대한 긍정적 상상력'을 증폭시키기에 충분했다. 하지만 이 문제를 좀 더 분석하면 한국의 방역전략 기저에 존재하는 중요한 요인들을 찾을 수 있다. 물론 2015년 메르스의 질병경험이 제도화로 이어진 것은 법적, 제도적으로 분명하다. 하지만 현재 서구 대부분의 국가들과 유독 구

* 김연희, "6시간 검사 완료 진단키트 이렇게 만들었다"(2020년 2월 14일 작성), 시사IN, 648호.

분되는 질병 거버넌스의 특징은 단순히 메르스와 같은 인간 감염병의 경험으로 특정되지 않는 훨씬 광범위한 요소를 고려해야 할 필요가 있다. 그 핵심에는 바로 인간-동물(가축)감염병의 경험과 질병 거버넌스가 존재한다. 2000년대에 접어들면서 한국 사회에는 주기적으로 다양한 인간-동물(가축)질병이 확산되었으며 엄청난 사회적 파장을 일으켰다. 물론 과학기술과 의료기술이 발달하고 주거와 위생이 개선되고 소득의 증가와 세계화로 인해 사람과 사물의 교류와 이동이 증가한 현대사회에서 신종감염병의 발병과 오래된 질병의 재출현은 단순히 한국에만 국한된 현상은 아니었다(McInnes & Kelley 2006). 2002년 중국 광둥성에서 발생한 중증호흡기질환 사스는 급속도로 확산되어 29개국에서 783명의 사상자를 내는 피해를 일으켰다. 2003년 한국에서도 환자가 발생하면서 총리를 중심으로 한 방역대책본부의 가동으로 국내유입을 차단하기 위한 통제정책이 실시되었다. 총리실 중심 방역시스템의 효율적인 질병통제 방식은 WHO로부터 모범적 방역사례로 인정받았고, 감염병의 확산이 국가위기 요소 중 하나로 편입되는 계기가 되었다. 특히 범정부적으로 감염병을 관리하는 전문적 조직의 필요성이 제기되면서 2004년 노무현 정부는 기존 국립보건원을 질병관리본부로 확대 개편하여 국가 감염병 연구 및 관리의 핵심기관으로 자리 잡도록 했다(메르스 사태 이후 박근혜 정부는 질병관리본부를 차관급 기관으로 격상시켰다)(정윤진 & 최선 2017).

하지만 신속하고 집중적인 감염병 억제와 격리정책에

결정적인 영향을 미친 것은 2010년 11월 경북지역에서 시작되어 전국 축산농가로 급속히 확산된 구제역의 경험이었다. 2011년 4월까지 전국적으로 소는 약 15만 마리, 돼지는 330만 마리가 살처분을 당하며 국가차원의 재난 상황을 방불케 했다. 구제역의 확산과 방역과정에서 경험한 공격적이고 무차별적인 살처분의 문제는 가축의 건강과 질병의 문제가 단순히 경제적 경쟁력이나 생산력의 문제를 넘어 인간의 사회적 삶의 경관lifescape에 영향을 줄 수 있다는 인식을 촉진시켰다(최은정 & 천명선 2015; 김기흥 2015; 김기흥 2018). 비록 가축전염병이라는 측면에서 인간에게 직접적인 피해를 일으키는 질병은 아니었지만 구제역 방역전략의 변화가 이후 감염병 전체의 거버넌스에 영향을 미친 것은 확실하다. 당시 구제역의 방역과 살처분을 위해 공무원과 군인 등이 197만 명이나 동원된 전시동원체제와 유사한 엄청난 규모의 방역이 시도되었다. 그러나 감염이 빠른 속도로 확산되면서 2010년 12월 즈음엔 공격적이고 신속한 이른바 예방적 살처분 정책을 포기할 수밖에 없는 상황에 이른다. 결국 정부가 그토록 저항하던 구제역 백신접종으로 정책을 전환하면서 2011년 4월에 이르러 구제역의 확산을 통제할 수 있게 되었다. 2003년부터 지속적으로 발생해 온 고병원성 조류독감HPAI의 확산도 '신속하고 집중적인' 살처분을 통해 질병을 억제하는 전략을 사용한 대표적 사례다. 2010년에서 2011년 사이 5개월 동안 전국적으로 발생한 고병원성 조류독감으로 인해 650만 마리의 가금류를 살처분하게 되었으며 가축피해 보상금으로 612억 원의 예산이 소요되었다.*

2. 국가 주도의 '공간방역' 원칙에 근거한 억제-격리 전략

구제역과 고병원성 조류독감의 확산과 방역 과정에서 얻은 질병경험은 이후 감염병 방역전략에 많은 영향을 주었다. 특히 '집중적이고 공격적인' 억제-격리 정책, 예를 들어 광범위한 예방적 살처분 전략은 이후 바이러스에 의한 감염병에 대처하는 억제 정책에 기초적인 프레임을 제공했다. 집중적이고 공격적인 억제-격리 전략을 효율적으로 운영하기 위해서는 몇 가지 조건이 충족되어야 한다. 우선 신속하고 집중적인 방역을 위해 항상 동원할 수 있는 인력이 확보되어야 한다. 가축전염병으로서의 구제역이나 고병원성 조류독감의 확산을 막기 위해 강력한 예방적 살처분 정책이 주로 사용되었다. 예방적 살처분은 신속하게 동원할 수 있는 공무원이나 군인과 같은 조직이 존재해야 가능하다. 이미 언급한 것처럼 2010년 구제역 방역을 위해 동원된 인력은 무려 197만 명이었다. 국가 주도의 일방적 통제 정책이 아니면 방역을 위해 이처럼 신속하고 일사불란하게 대규모 인력을 동원하기는 불가능하다(김동광 2011). 질병 방역을 위한 일사불란한 동원체계는 이에 참여한 공무원이나 군인 또는 용역노동자 들에게 정신적인 트라우마를 일으키는 부작용을 가져오기도 한다. 하지만 중앙집중적 동원체계의 특성상 개인의 정신적 피해나 트라우마는 전투적

* 농림수산부, 『고병원성조류인플루엔자 백서』, 농림수산부, 2012.

방역체계의 유지를 위해 의도적으로 무시되어 왔다(전은희 & 천명선 2012; 김석호, 주윤정 & 조하영 2017; 박효민 & 진보미 2017; 김선경, 김지은 & 백도명 2011; 김희국 & 현진희 2012).

가축전염병에 대한 방역전략이 성공하기 위해 필수적으로 요구되는 중앙집중적 동원체계의 확립은 코로나19에서도 확실하게 그 효과를 보여 주었다. 한국의 코로나19 방역에서 가장 중요한 역할을 한 것은 약 3천여 명의 공중보건의와 간호사였다. 군복무 대신 국가의 통제 하에 움직여야 하는 공중보건의들은 현장에서 이동 검진이나 유증상자들의 검체를 채취하는 일을 맡았다. 특히 대구에서 폭발적으로 코로나19 환자가 증가하면서 신규 공중보건의 742명을 조기임용(군사훈련을 면제하고 바로 현장에 배치하는 방식)하여 현장에 배치했다.* 이들은 자발적 '치료의 의무'에 의해 행동했다기보다 중앙정부의 통제와 이동명령에 의해 동원될 수밖에 없었다. 공중보건의의 사례에서 볼 수 있듯이 중앙정부에 의한 동원체계는 신속하고 집중적으로 확진자를 테스트-추적-격리치료할 수 있는 근간이 된다. 코로나19에서 볼 수 있는 동원체계는 이미 구제역이나 조류독감의 방역전략에서 사용된 동원체계와 그 전략적 원칙의 측면에서

* Sejin, C. "Combat of junior doctors in Korea against Covid-19 pande mic"(2020년 4월 15일 작성), WMA/JDN Covid-19 Teleconference ; 하경대, "공보의들 쉴 틈없이 검체채취·선별진료...힘들어도 서로 위로하며 코로나19 해결 희망을 봅니다"(2020년 3월 7일 작성), Medi:Gate News ; 오경묵, "세계가 놀란 '코로나 대량진단'...원동력은 공중보건의 이동검진"(2020년 3월 23일 작성), 한국경제신문 ; 고신정, "공보의 742명, 코로나19 현장 '긴급투입'"(2020년 3월 5일 작성), 의협신문.

유사성을 갖는다. 한국의 상황과 비교해서 유럽에서의 코로나19의 확산 과정에서 의료진에 대한 동원 전략은 전혀 다른 패턴을 보인다. 의무적으로 의사 생활을 해야 하는 공중보건의 제도가 부재한 미국을 포함한 서구국가에서는 부족한 의료진을 보충하기 위해 은퇴한 의사와 간호사를 현장으로 복귀시키는 방식을 채택했다. 코로나바이러스의 확산을 더 이상 억제할 수 없는 상황이 일어나자 영국의학협회BMA는 은퇴한 의사와 간호사의 의료자격을 회복시켜 주었다.* 그 결과 약 4,500명의 은퇴한 의료진들이 코로나19 방역을 위해 현장으로 복귀하기도 했다. 하지만 이미 나이가 많은 은퇴의사들과 간호사들은 현장에서 현역 의료진이 위험에 노출되는 것보다 훨씬 높은 위험에 노출된다.**

국가 주도의 공격적인 억제-격리 전략이라는 추상적 개념의 현실화와 경험의 제도화는 구제역과 조류독감 그리고 지난 2019년에 접경지역에서 확산되었던 아프리카돼지열병 방역에서 이미 실행되었다. 신속하고 공격적으로 특정 지역에 속한 동물을 살처분하는 전략은 현재 방역 관리의 전략과 유사하다. 한국의 코로나19 방역전략의 기초 단위는 행위자들의 행동을 관리하는 것과는 거리가 멀다. 대신

* BMA, "Covid-19: retired doctors returning to work"(2020년 6월 6일 작성) , British Medical Association.

** Binding, L., "Coronavirus: 4,500 retired doctors and nurses sign up to battle Covid-19 pandemic"(2020년 3월 22일 작성), Sky News ; BBC News, "Coronavirus: tens of thousands of retired medics asked to return to NHS"(2020년 3월 20일 작성), BBC News ; Weaver, M., "Retired hospital medical director latest to die form Covid-19 in UK" (2020년 4월 1일 작성), the Guardian.

대부분의 방역정책은 '공간에 대한 방역관리'라고 할 수 있다. 사람들이 집중적으로 모이는 공간(종교단체, 클럽, 콜센터, 식당, 학원, 학교 등)에 선택적으로 방역을 시행하는 것이다. 사람들이 밀집한 공간을 전략적이고 선택적으로 방역하면 그 공간에 속한 사람들의 감염을 쉽게 차단할 수 있다. 공간과 영역에 대한 공격적인 관리는 결국 제도에 대한 관리이며 질서유지를 위한 관리방식이다. 코로나19에 대응하는 공간 방역전략의 기본 원칙은 가축감염병에 대응하는 방역망 구축이나 동물의 이동을 막기 위한 차단선 구축과 같은 영역화territorialization 전략의 원칙과 동일하다.

지난 2019년에 북한과의 접경지역에서 확산되어 경기도 북부지역의 축산농가를 붕괴시킨 아프리카돼지열병에 대한 강력하고 공격적인 질병통제정책은 이러한 공간 방역전략의 원칙을 잘 보여 주고 있다. 감염력이 매우 높은 동시에 치명률도 거의 100퍼센트로 알려진 이 아프리카돼지열병이 경기도 북부지역에서 발생한 것은 2019년 9월이었다. 중앙정부, 농림식품부, 환경부와 국방부는 매우 공격적인 살처분 정책과 방역망 설치를 통해 아프리카돼지열병의 남하를 저지하기 시작했다. 이 질병의 남하를 저지하기 위해 방역당국은 영역화 전략을 사용하면서 방역망을 구축했고 이동 차단선을 설치하여 질병의 매개체로 지목된 멧돼지의 남하를 물리적으로 막았다. 예방적 살처분과 이동 차단선의 설치는 표면적으로 효과적인 것처럼 보였다(김준수 2019).

조류독감에서 구제역, 아프리카돼지열병으로 이어지

는 공간적 방역전략은 고스란히 코로나19 방역전략에도 반영되었다. 상당히 많은 국가에서 감염병의 방역원칙은 공간방역과 행위자들의 '행동방역'이라는 두 가지 축으로 구성된다. 이 두 가지 접근법의 균형이 무너지게 되면 감염병 방역은 성공하기 힘들다. 가장 대표적인 사례가 영국이 질병확산 초기부터 사용했던 행동방역의 원칙이었다. 영국정부가 코로나19 방역의 자문을 얻는 그룹인 '비상상황 과학자문그룹Scientific Advisory Group for Emergencies, SAGE'에는 행동과학자들이 포함되어 있다.* 이들 행동과학자들은 단순히 공간방역(예를 들어 학교 폐쇄, 대중집회 금지)에 집중하기 보다는 행위자들의 행동을 조절하고 행동방식을 바꾸는 정책을 강조했다. 이 행동방역은 행동경제학에서 제안하는 '넛지nudge'의 원칙을 적용해 행위자들의 행동을 조절하도록 하는 방법이기도 하다. 물론 영국의 행동주의적 정책은 공간방역을 과도하게 등한시하면서 초기 질병통제의 기회를 놓쳤지만, 한국의 방역정책은 과도하게 공간방역으로 기울어져 있다. 이러한 공간방역의 원칙이 가능했던 것은 위에서 논의한 대로 대규모 전시체제적 동원체계와 인수공통감염병을 방역한 제도적 경험이 있기 때문이었다.

* House of Lords, "Covid-19 Rapid summary: behavioural science"(2020년 6월 17일 작성), Select Committee on Science and Technology ; Yates, T., "Why is the government relying on nudge theory to fight coronavirus?"(2020년 3월 13일 작성), The Guardian ; Sodha, S., "Nudge theory is a poor substitute for hard science in matters of life or death"(2020년 4월 26일 작성), The Guardian.

결론: 질병관리와 인간-동물감염병의 공동구성

코로나바이러스는 단순히 인간에게 질병을 일으키는 병원체가 아니다. 그보다 동물(가축)-인간 사이의 얽힘으로 형성된 관계망의 결과이다. 즉 코로나19는 인간질병일 뿐 아니라 동물질병이기도 하다. 우리가 인간-동물(가축)감염병에 관심을 갖는 이유가 바로 여기 있다. 좀 더 구체적으로 질병 거버넌스와 관련해서도 이미 한국의 방역시스템은 서구국가가 구축해 온 '독감방역체계'와는 전혀 다른 '인간-동물감염병 방역체계'를 구축해 왔다.

2000년대에 들어서면서 반복적으로 발생한 다양한 인간-동물(가축)감염병에 대한 방역전략은 이후 감염병 방역전략에 투영되었다. 한국의 질병 거버넌스가 보여 주는 특징, 즉 질병경험에 근거해 형성된 국가 주도의 중앙집중적이고 공격적인 방역은 단순히 인간감염병 중심의 경험으로 이루어지지 않았다. 2000년대 들어 반복적으로 확산된 동물(가축)감염병에 대한 공격적이고 집중적인 억제정책은 바로 코로나19 방역정책의 기본 틀을 형성하는 밑거름이 되었다. 또 행위자의 행동을 조절하는 행동방역보다 좀 더 공격적인 공간방역을 통해 감염의 고리를 끊음으로써 질병의 확산을 통제하는 현재 방역전략의 기본 틀 또한 발생지역을 중심으로 이루어지는 예방적 살처분과 통제선 구축이라는 동물감염병 통제전략과 일맥상통한다.

한국에서의 질병 거버넌스는 인간-동물(가축)감염병의 경험을 무시하고 이해할 수 없다. 즉, 질병 거버넌스는 인간-동물질병의 상호작용을 통해 형성되었다. 한국의 코로나19 방역정책에서 동물질병의 역할은 무시하기 힘든 중요 요소로 평가될 수밖에 없으며, 방역정책의 형성과정은 인간-동물질병의 경험이 공동구성된 결과라고 하겠다. 미국의 과학기술학자 실라 재서노프Sheila Jasanoff가 제안한 것처럼 과학기술의 발달과 사회적 요인 사이의 관계는 단순히 한 요소가 다른 요소를 결정하는 관계가 아니다. 그보다 과학기술지식과 사회제도적 요인이 상호작용을 통해 공동생산되는 과정이다. 질병에 대한 지식과 관리방식은 일방적이라기보다 끊임없이 얽힘을 통해 구성된다(Jasanoff 2004; Jasanoff & Kim 2016). 이미 논의한 것처럼 한국의 코로나19 방역정책은 단순히 기술적 혁신이나 법적·제도적 개혁과 같은 단일 요소로 설명될 수 없다. 특히, 2000년 이후 반복적으로 발생한 인간-동물(가축)감염병의 경험과 제도화는 이러한 공동구성의 전형적인 사례가 될 수 있다. 질병은 단순히 병원체에 의해 발생하는 생물학적 과정이 아니라 사회제도적 체계와 얽혀 네크워크로 구성된 산물이다. 특히 인간-동물(가축)감염병의 질병경험과 이에 대한 질병관리의 제도화는 끊임없는 상호작용을 통해 현재의 방역체계로 구성되었다.

한국의 감염병 방역정책 형성과정에서 보이는 주요 특징인 인간-동물감염병 경험에서 또 하나 중요한 것은, 의학, 수의학, 생태학 분야 이외에 경제, 사회, 정책적인 분야까지 아울러 인간-동물-생태계 문제를 논의하는 원헬스 패러다임의 구축이 절실하다는 점이다(Woods et al. 2018).

현재 코로나19의 확산에서 보는 것처럼 한국의 방역체계는 단순히 의학적인 대응으로만 구성되지 않는다. 앞에서도 논의했듯이 한국의 방역정책은 인간-동물(가축)질병에 대한 광범위한 질병경험에 근거하여 형성되었다. 이제 단순히 의학과 수의학을 결합한 문제해결을 넘어 좀 더 광범위하게 인간-동물-생태계의 관계를 고민하는 접근법을 고려할 필요가 있다.

참고문헌

Caduff, C., “What went wrong: Corona and the world after the full stop”, Medical Anthropology Quarterly, 2020.

Jasanoff, S. (ed.), *States of Knowledge: The Co-construction of Science and Social Order*, Routledge, 2004.

Jasanoff, S. & Kim, S. H., (eds.), *Dreamscapes of Modernity: Sociotechnological Imaginaries and the Fabrication of Power*, University of Chicago Press, 2016.

Kelly, Ann H., “Ebola vaccines, evidentiary charisma and the rise of global health emergency research”, in *Economy and Society*, 47(1), pp.135~161, 2020.

Ki, M., “2015 MERS outbreak in Korea: hospital-to-hostpial transmission”, in *Epidemiology and Health*, 37, pp.1~4, 2015.

McInnes, C. and Lee, K., “Health, security and foreign policy”, in *Review of International Studies*, 32(1), pp.5~23, 2006.

Smith, R. D., “What type of governmentality is this? Or, how do we govern unknowns”, Somatosphere: Science, Medicine and Anthropology, 2020, somatosphere.net/2020/governmentality-covid19.html

Woods, A., Bresalier, M., Cassidy, A., Dentinger, R. M., *Animals and*

the Shaping of Modern Medicine: One Health and Its Histories, Palgrave, 2018.
김기흥, 「병원체의 다중적 구성: 백서를 통해 재구성된 구제역과 과학기술 정치」, 『환경사회학연구 ECO』, 19(1), pp.133~171, 2015.
김기흥, 「국제표준화의 불확실성과 메르스사태」, 『환경사회학연구 ECO』, 20(1), pp.317~351, 2016.
김기흥, 「경계물과 경계만들기로 구제역 간이진단키트: 국가기술중심주의와 분권주의의 충돌」, 『과학기술학연구』, 18(2), pp.307~342, 2018.
김동광, 「우리에게 구제역은 무엇인가? 국가주도의 살처분 정책과 함의」, 『민주사회와 정책연구』, 20, pp.13~40, 2011.
김석호, 주윤정, 조하영, 「살처분 위험관리와 축산네트워크/지역공동체에 대한 영향」, 『한국사회학회 사회학대회 논문집』, 2017.
김선경, 김지은, 백도명, 「2010~2011 구제역 살처분 사태의 문제점」, 『한국환경보건학회지』, 37(2), pp.165~169, 2011.
김준수, 「돼지전쟁: 아프리카돼지열병을 통해 바라본 인간너머의 영토성」, 『문화역사지리』, 31(3), pp.41~60, 2019.
김희국, 현진희, 「구제역 방역에 참여한 공무원의 외상후 스트레스 장애와 우울」, 『정신건강과 사회복지』, 40(4), pp.205~229, 2012.
농림수산부, 『고병원성조류인플루엔자 백서』, 농림수산부, 2012.
대한감염학회, 『메르스 연대기-대한감염학회 백서』, 대한감염학회, 2016.
박재희, 고대유, 「감염병 재난 거버넌스 비교연구 – 사스와 메르스 사례를 중심으로」, 『한국행정학회 학술발표논문집』, pp.2727~2754, 2017.
박효민, 진보미, 「가축살처분 작업트라우마와 작업자의 정신건강」, 『한국사회학회 사회학대회 논문집』, pp.877~878, 2017.
유익준, 「인수공통감염병 예방 및 관리의 법적문제 – 메르스 사례로 본 인수공통감염병 관리의 한계와 대안」, 『법과 정책연구』, 18(3), pp.99~122, 2018.
전은희, 천명선, 「구제역 관련자들의 체험과 그 의미에 대한 질적 연구:

2010년-2011년 Y시의 경우를 중심으로」, 『농촌사회』, 22(2), pp.175~232, 2012.
정윤진, 최선, 「정부의 안보인식과 위기관리시스템: 사스와 메르스 사태를 중심으로」, 『국제정치연구』, 20(2), pp.133~157, 2017.
최은경, 「팬데믹 시기는 새로운 의료를 예비하는가」, 『창작과 비평』, 188, pp.416~428, 2020.
최은정, 천명선, 「구제역에 대한 위험대응에 관한 연구」, 『농촌사회』, 25(1), pp.271~315, 2015.

4부 관계

인간-동물 관계의 미래

¶

전 세계적으로 코로나19가 인간과 동물의 삶에 전례 없는 영향을 끼치며 '포스트 코로나' 담론이 전방위적으로 제시되고 있다. 팬데믹으로 인해 많은 사람들이 일터와 일상생활에서 어려움과 불편함을 겪고 있지만, 한편으로 아이러니한 것은 먼 미래에 가능할 것이라 여겨졌던 일들이 보다 빠르게 우리의 현실로 가능해지고 있거나, 현재 인류의 삶의 방식을 반성하는 계기가 되고 있다는 점이다. 4부에서는 코로나19를 기점으로 앞으로의 인간-동물 관계에 어떤 가능성들이 열려 있는지, 혹은 어떤 변화가 생길 수 있는지에 대해 살펴보려 한다. 물론 코로나19가 언제 어떠한 방식으로 종식될지, 혹은 코로나19 이후 어떠한 삶이 펼쳐질지 벌써부터 예단하기는 매우 어려우며 자칫 소용없는 일이 될 위험도 있다. 그렇지만 섣부른 예측에 그치지 않고 생태적인 측면에서 우리가 나아갈 방향을 제시할 수 있다면 작게나마 충분히 의미 있는 시도가 될 것이다.

4부에서는 코로나 시대의 인간-동물 관계를 주제로 열

린 웨비나 시리즈에서 발표된 글들 중 미래의 인간-동물 관계를 다룬 네 편의 글을 소개한다. 이 글들은 지구상에서 인간과 동물의 공존관계를 지속가능하게 만들기 위해 우리가 택할 수 있는 선택지들을 여러 방면으로 제시하고 있다.

사회심리학자로 다양한 대상에 대한 공정성 이론을 연구하고 있는 박효민은 공장제 축산업에 기반한 육류 소비가 날로 증가하고 있지만 이는 환경적, 윤리적, 비용적 측면에서 지속가능하지 않다고 주장하며, 축산업 기반 육식의 대안으로서 인공육의 문제를 다룬다. 이를 위해 현재의 기업적 축산업의 문제가 무엇이며 왜 지속가능하지 않은지, 그리고 기술적 측면에서 현재 다양하게 개발되고 있는 인공육 중 특히 배양육의 발전 단계는 어디까지 왔는지를 살펴본다. 인공 배양육의 장점과 기술적 난제, 사회적으로 예상되는 문제점들을 짚어 보게 될 것이다.

생물의 다양성을 위한 국제적 협력을 조직하고 있는 박선영의 글은 국제인증을 통한 지속가능한 어업의 가능성을 논의한다. 이 글은 한국의 전라남도 완도에서 책임수산물에 부여하는 에코라벨 프로그램 ASC Aquaculture Stewardship Council 국제인증 심사를 받은 과정을 다루고 있다. ASC는 약 20년 전 등장한 전 세계적으로 지속가능한 수산물을 인증하는 작업으로 수산물의 생산과 유통에서 환경적, 사회적 책임을 강조하는 국제 표준규격이다. 코로나로 인해 수산물의 유통이나 소비 자체가 영향을 받은 측면도 있지만, 수산업에 가장 큰 영향을 미친 것은 코로나19로 이동 통로가 막힌 국제 노동력의 빈자리였다. 이 글은 코로나19를 계기로 현재 수산업의 지속가능성에 대해 반성적으로 고찰할 필요성을 제기하며, ASC인증 사례의 소개를 통해 향후 지속가능한 수산물을 위해 어떤 환경적, 사회적 책임을 져야 하는지를 이야기한다.

이인식은 우포자연학교의 교장으로 우포늪 보전과 따오기 복원사업을 추진하며 습지보전을 위해 힘쓰고 있다. 그의 글은 저자가 오랜 시간 우포늪을 보전하는 활동을 벌이는 과정에서 겪은 경험을 생생하게 증언하고 있으며, 나아가 정부가 시행하는 그린뉴딜이 에너지산업을 중심으로 한 또 하나의 경제정책에 머무르지 않고, 생태계의 불균형과 생물다양성 감소를 실질적으로 막을 수 있는 혁신적인 정책이 되어야 한다고 주장한다.

마지막으로 인간-동물 관계에 대한 다양한 사회학적 시선을 연구하며 사회적 약자의 존재에 관심을 기울이고 있는 주윤정의 글은 코로나19가 드러내고 있는 현재 인간과 동물 관계의 취약성을 중심으로 논의를 펴나간다. 저자는 코로나 이후 인간의 삶이 어떻게 변화할 것인가를 놓고 많은 '포스트 코로나' 담론이 횡행하고 있지만, 정작 대부분의 논의들이 경제와 산업의 측면에 치우쳐 있어 막상 이 팬데믹을 초래한 근본 문제를 고민하는 반성적 사유는 찾아보기 어렵다는 문제점을 제기한다. 또 다른 형태의 재앙을 막기 위해서는 코로나가 보여 준 인간과 동물 관계의 취약성을 극복할 수 있도록 국제적인 수준에서의 대처가 필요하며, 특히 이 과정에서 인간이 자연에 대한 책임감을 갖는 일이 그 어느 때보다 요구된다.

육식의 미래와 인공육의 이슈

박효민

전 세계를 휩쓸고 있는 코로나19를 흔히 '100년에 한 번 일어날까 말까 한' 일이라고 말한다. 하지만 100년에 한 번 일어난다면 역설적으로 인류의 대부분은 일생에 걸쳐 한 번은 겪는다는 말이기도 하다. 이미 많은 연구자들이 전 세계적으로 확산되는 전염병의 발생 빈도가 앞으로 더욱 증가할 것이라고 예측한다. 따라서 코로나19와 같은 사태를 대비하거나 해결하기 위해서는 인간의 삶의 특수한 영역에서 일어나는 일이 아닌 일상에서의 문제를 되짚어 보아야 할 것이다. 전 세계적 팬데믹 자체가 일상화될 가능성이 높다는 말은 이를 일으키는 요인 역시 이미 일상화되어 있을 가능성이 높다는 의미다. 예를 들어 전 세계적인 이동성의 증가는 전염병이 세계적으로 대유행하게 된 큰 요인이기도 하다. 이 글에서는 우리에게 일상화된, 그러나 팬데믹의 주요한 원인 중 하나로 지목받고 있는 산업동물에 의존한 광범위한 육식의 실태와 이에 대한 해결책으로 제시된 인공육의 이슈를 살펴보고자 한다.

코로나19의 정확한 최초 감염경로는 아직 확실하게 밝혀지지 않았다. 그러나 많은 연구자들은 코로나19 바이러스가 인수공통감염병이라는 점 때문에 동물로부터 유래했을 가능성을 매우 높게 보고 있다. 이는 인간과 동물 간의 거리가 좁혀질수록 인류가 바이러스에 노출될 가능성도 높아지며, 산업동물은 인간과 가장 가까운 거리를 유지하는 동물군이라는 점에서 인간과 바이러스를 매개하는 가장 훌륭한 매개체로 작용하게 되리라는 것을 암시한다. 따라서 코로나19 상황에서 우리 식탁의 주요 단백질 공급원인 육식의 의미와 미래를 돌아볼 필요가 있다.

인류문명과 고기

인류에게 육식 즉 고기의 의미는 무엇인가? 인간이 고기를 먹기 시작한 것은 약 150만 년 전으로 추정되고 있으며 (Dominguez-Rodrigo et al. 2012), 그 이후로 인류에게 고기는 매우 중요한 식량자원 역할을 해 왔다. 인류 역사 대부분의 기간에는 수렵과 채집으로 자연상태의 동물을 식량으로 이용했고, 가축화가 시작된 약 1만 년 전부터는 동물을 가축의 형태로 지배, 통제하며 동물과의 관계를 변화시켜 왔다. 이후 인류에게 동물은 보호하고 길러야 할 가축과 맞서 싸워야 할 야생동물로 이분화되었으며, 가축은 하나의 생명인 동시에 식량 자원이라는 이중적 의미를 통해 다루어져 왔다.

현재에도 인류는 문화권에 따라 다양한 생산양식으로 살아가지만 수렵채집 사회를 비롯해 유목사회, 농경사회, 산업사회를 막론한 모든 사회에서 육류는 인류의 주요 단백질원으로 자리 잡고 있다. 인구의 40퍼센트가 채식주의자인 인도와 같이 독특한 문화적 맥락이 있는 사회가 아닌 한, 전 세계에서 1~9퍼센트의 인구만이 채식을 하며(Ruby 2012) 나머지 인구는 고기를 섭취한다.

인간이 에너지원으로 고기를 섭취하는 것은 무엇보다도 에너지 효율이 높기 때문이다. 하루 종일 음식을 섭취하고 소화시켜야 하는 초식동물과 달리, 육식동물이 짧은 사냥을 마치고 긴 휴식을 취할 수 있는 것은 고기가 생존에 필요한 필수 아미노산과 단백질을 골고루 갖추고 있기 때문이다. 예를 들어 작은 베이컨 한 조각은 약 152kcal의 열량을 제공하는데 이를 채식으로 대체하기 위해서는 당근 5개나, 양배추 14컵, 아니면 셀러리 25조각을 먹어야 한다(Mosher & Gould 2015). 때문에 육류는 많은 문화권에서 가치가 높은 식재료로 인식되어 왔고, 현재 인간은 평균적으로 섭취하는 총 단백질 중 약 25퍼센트를 축산물로부터 공급받는다(Alexander et al. 2017).

역사적으로 오래된 인간과 고기의 관계는 특히 세계적으로 산업화가 시작된 이후 크게 두 가지 측면에서 급격하게 변화했다. 하나는 자본주의 체제에서 산업화된 공장식 사육방식factory farming이고, 다른 하나는 고기 소비량의 증가이다. 현재 식량으로 공급되는 대부분의 가축은 공장식 축산농장 형태로 길러지고 있다. 이는 육류소비량 증가

표 2. 2019년 전체 도축두수와 1인당 소비수

	전체 도축두수	1인당 소비수
소	886,604	0.02
돼지	17,825,249	0.34
양	145,453	0.00
닭	1,059,994,059	20.46
오리	69,619,102	1.34

출처: 농림축산검역본부, 「2019년 12월 도축실적」, 2019.

의 원인이면서 결과이기도 하다. 1961년부터 2018년까지 전 세계 인구가 약 2.5배가량 증가한 반면, 1961년 기준 7,000만 톤 정도였던 전 세계 육류 생산량은 2018년 3억 4,700만 톤으로 약 5배 증가했다. 인구가 증가하는 것 이상으로 1인당 육류소비량도 증가하는 추세임을 알 수 있다. 국제연합식량농업기구FAO의 전망에 따르면 세계 인류는 2018년 7월 기준 76억 4,000만 명에서 2050년에는 92억 명으로 증가할 것으로 보이며, 이에 따라 육류소비량은 2018년 304만 톤에서 매년 1.3퍼센트씩 증가하여 2050년에는 455만 톤에 이를 것으로 전망된다. 즉 앞으로 30여 년간 육류생산량은 현재와 비교해 1.5배가량 증가해야 한다(FAO 2018).

한국의 경우 국민 1인당 육류소비량은 1996년 28.6kg에서 2015년 46.9kg으로 크게 증가했으며, 2026년에는 1인당 소비량이 51.5kg에 이를 것으로 전망하고 있다.

2019년 한 해 동안 소는 전체 약 88만 6,000마리가 도축되었고, 이를 인구 1인당으로 환산하면 소 약 0.02마리를 소비한 셈이 된다. 돼지의 경우 1년에 약 1,800만 마리가량이 도축되고 있으며, 닭의 경우에는 약 10억 마리가 도축되어 인구 1인당 약 20마리 정도를 소비한다고 추산된다. 물론 수입 육류는 포함되지 않은 순수한 국내 도축량이라 평소 한국인의 식생활을 생각한다면 실제 소비량은 훨씬 더 많을 것이다.

현대 축산 시스템의 문제

현재 우리에게 육류가 풍요롭게 공급되는 것은 공장식 축산 시스템 덕분이다. 그러나 이러한 축산 시스템이 과연 지속가능한 형태인지, 그리고 나아가 앞으로 인류의 육류에 대한 수요를 충족시킬 수 있을 것인지에 대해서는 생각해 볼 여지가 있다. 현재 축산업 시스템은 인류에게 그 어느 때보다 풍족한 고기를 공급하지만 동시에 많은 문제를 내포하고 있는데, 이 문제는 크게 효율성, 환경오염, 윤리적 문제 등으로 구분할 수 있다.

효율성의 문제는 다시 에너지 효율성과 공간 효율성의 문제로 나뉜다. 단백질 효율은 우유의 경우 24퍼센트, 달걀은 19퍼센트에 불과하며, 돼지고기는 8.6퍼센트, 소고기는 훨씬 낮은 1.9퍼센트를 보인다. 즉, 소고기로 1.9cal의 단백질을 얻기 위해서는 각종 형태로 100cal의 단백질이 투입되어야 한다는 것이다. 이와 같은 비효율적인 식량 생산 과정의 결과로 인류는 하루에 약 1인당 6,000kcal의 식량을 생산하고 있지만, 우리 밥상에 오르는 식량은 2,000kcal에 불과하다. 식탁에 오르지 못하는 4,000kcal 중 1,700kcal는 다른 동물의 사료로 사용된다.

다른 주요한 측면은 윤리의 문제이다. 가축사육에 대한 윤리적 문제는 현재 가축의 사육방식이 동물에게 너무나 많은 고통을 주고 있다는 상대적으로 약한 정도의 윤리적 문제 제기부터, 인간이 다른 동물을 죽이고 그 몸을 먹는 것을 합리화할 수 있는지 물으며 육식에 근본적인 문제를 제기하는 강한 윤리적 입장까지를 아우른다. 우선 육식이 동물에게 불필요한 고통을 수반하는 방식으로 이루어지는 것은 주로 가축사육 방식 때문이다. 현재 대부분의 가축은 공장제 사육방식으로 길러지는데, 미국의 경우 전체 가축의 99퍼센트가 공장제 사육을 통해 길러지며, 가축별로는 소가 70.4퍼센트, 돼지는 99.8퍼센트, 칠면조는 98.2퍼센트, 산란계는 99.9퍼센트가 공장식 농장에서 길러지고 있다(Science Institute 2019). 한국의 경우에도 역시 소, 닭, 돼지 등 주요 축산물의 99.8퍼센트가 공장제 사육방식을 채택하고 있다.

공장제 사육방식이 동물의 기본적 습성과 매우 다른 방식을 강요한다는 사실은 잘 알려져 있다. 예를 들어 대부분 배터리 케이지에서 사육되는 산란계는 법적으로 마리당 최소한 0.075제곱미터의 면적을 확보할 것을 강제하고 있는데, 이는 A4용지 면적인 0.06제곱미터보다 약간 큰 수치이다. 흔히 우리가 동물복지 측면에서 상당히 개선되었다고 인식하는 케이지-프리cage-free방식 역시 배터리 케이지를 벗어난 것이긴 하지만 2차원적 밀도 측면에서는 여전히 과밀하다. 돼지 역시 어미돼지는 가로 60센티미터 세로 220센티미터 정도의 스톨이라는 좁은 공간에 갇혀 평생을 움직임 없이 새끼를 낳고 젖을 먹이는 일만 하다가 죽는다.

이전보다 많이 개선되었다고는 하나 동물들이 도축되는 과정에서도 고통이 적은 방식보다는 더 값싸고 효율적인 방식을 택하게 된다. 하지만 아이러니하게도 이러한 공장식 축산과 도축은 보다 많은 고기를 보다 싸고 효율적으로 생산하는 데 일조하는 시스템이다.

더 근본적인 윤리적 질문은 과연 인간이 다른 생물을 죽여서 고기를 먹는 것이 합당한가 하는 질문이다. 이에 대해 여러 철학적 논증들이 있으며, 자의식을 가지고 미래를 투사할 수 있는 동물들은 윤리적으로 우월한 위치를 차지하기 때문에 이들에게 미래의 삶의 가능성을 제거하는 것은 윤리적으로 올바르지 않다는 피터 싱어(2013)의 논증이 대표적이다. 다른 한편으로 고통을 느낄 수 있는 동물들에게 죽음의 고통 혹은 죽음을 예견하는 고통을 주어서는 안 된다는 의견들도 있다. 하지만 이 경우에도 동물이 어떠한 방식으로 고통 혹은 두려움을 느끼는지 인간이 알 수 있는가의 문제와 더불어, 고통 없이 도축을 할 경우 육식이 허용되는가 하는 문제를 야기한다(물론 이 경우에도 고통 없는 사육과 죽음은 현대 공장제 축산 시스템 하에서는 논리적으로만 가능할 뿐 현실적으로 거의 불가능하다고 보아도 무방할 것이다).

환경문제는 축산의 중요한 문제점 중 하나이다. 축산업이 공간이나 에너지 효율의 측면뿐만 아니라 환경문제에 미치는 영향은 '피크 미트peak meat'라는 용어로 개념화된 바 있다. 환경론자들은 지구의 축산업이 2030년을 기점으로 최고치에 도달하며 이 영향으로 심각한 이상기후를 초래할 것이라고 주장한다. 한 단적인 예로 식량생산 과정은 지구온난화의 주범인 온실가스(주로 메탄과 이산화탄소)의 13.5퍼센트를 방출하고 있다고 추산되며, 간접적으로 삼림 파괴를 통해 지구온난화의 17퍼센트 정도에 책임이 있다고 추산된다(FAO 2013). 이는 전 세계 자동차들이 내뿜는 온실가스보다도 많은 양이다. 또한 축산 폐기물은 지구의 토양과 해양의 산성화와 부영양화의 주된 근원으로 인식되고 있다.

마지막으로 축산업과 인간의 문제 중 하나는 인수공통감염병이다. 기본적으로 현대적 축산 시스템은 효율성을 극대화하기 위해 가장 많은 동물을 한 공간에 넣으려 하며, 이는 감염병에 취약한 환경을 만든다. 특히 인수공통감염병은 동물과 인간이 서로 교차전파가 가능한 질병으로서, 밀집된 공장식 축산에서 인수공통감염병이 발생하게 될 경우 축산 가축뿐 아니라 인간이 받게 될 타격은 일반 전염병에 비해 훨씬 더 크다고 할 수 있다. 현재 세계를 강타하고 있는 코로나19를 비롯하여 많은 전염병들이 인간과 동물 간의 감염이 가능한 것으로 알려져 있다.

축산의 대안으로서 인공육

축산업이 지구의 지속가능성에 미치는 부정적 영향으로 인해 축산업을 통한 육류의 공급을 대체할 수 있는 이른바 인공육 산업이 관심을 모으고 있다. 인공육은 고기에서 얻을 수 있는 단백질과 지방 형태의 영양분을 공급할 수 있는 대체재로서, 현재 식물기반 인공육이 시장에서 상용화되었으며, 최근 생물의 근육세포를 실험실에서 증식시켜 고기를 얻는 배양육in vitro meat이 연구단계에 있다.

식물기반 인공육

식물기반 인공육은 주로 콩의 단백질을 추출하여 고기의 질감이 생길 수 있도록 만든 음식으로 이미 한국에서도 채식주의자들의 단백질 공급원으로 상당히 보편화되었다. 흔히 '콩 고기'라고 불리며, 각종 식품기술의 발전으로 진짜 고기와 맛과 향, 영양분까지 비슷하게 만드는 데 꽤 성공을 거두었다. 이와 같은 방식의 인공육은 정도의 차이는 있으나 현재 많은 기술을 요하지 않는 안정된 대체재다. 최근 뉴스에서 화제가 되었던 북한의 인조고기밥 역시 대기근이 있었던 '고난의 행군' 시기 대두유를 만들고 남은 대두박을 200도 이상 높은 온도로 가열하여 쫄깃한 식감을 재현한 인공육 제품으로, 현재는 대두박이 아닌 순수 콩으로 만들어 맛을 개선한 인조고기가 길거리 식품으로 인기를 끌고 있다.

미국에서도 임파서블푸드Impossible Foods, 비욘드미트

Beyond Meat를 비롯한 식물기반육 업체가 제품을 생산 중이다. 두 회사는 식물기반 인공육의 특성상 스테이크용 고기보다는 주로 햄버거 패티나 소시지 같은 간 고기ground beef 형태의 가공육을 만들고 있으며, 임파서블푸드가 GMO 대두를 사용하는 반면 비욘드미트는 Non-GMO 기반 완두콩과 쌀을 주로 사용한다는 점을 제외하고 영양학적으로나 가공방식에 큰 차이는 없다. 이들 기업은 일종의 스타트업으로 여전히 적자운영을 하고 있으나, 빌 게이츠, 레오나르도 디카프리오 등 유명인사들의 투자를 받는 것으로 알려져 있다.

배양육

배양육in vitro meat, clean meat, lab grown meat, Bioartifical muscles, BAMs은 현재 실험단계에 있는 기술로 기본적으로 식물기반 고기와는 다르게 동물의 골격근에서 세포를 분리하여 근섬유 줄기세포를 실험실에서 대량으로 배양해 생산하는 육류를 의미한다. 애초에 미국항공우주국에서 우주인에게 식량을 공급할 목적으로 연구를 시작했으나, 최근에 와서야 그 가능성이 현실이 되고 있다.

배양육은 현재 모사미트Mosa Meat를 창업하여 운영하고 있는 네델란드 마스트리흐트 대학교의 마르크 포스트Mark Post 교수가 구글 창업자인 세르게이 브린Sergey Brin의 투자를 받아 2013년 최초로 배양에 성공해 공공에 시연했다. 이후 몇몇 배양육 업체가 탄생했는데, 미국에서는 멤피스미트Memphis Meats와 저스트Just, 뉴에이지미트New Age Meats 등이

상용화를 위해 노력하고 있다. 멤피스미트는 2015년 의사였던 우마 발레티Uma Valeti와 줄기세포학자 니컬러스 제노비스Nicholas Genovese가 설립한 회사로 2016년 미트볼에 이어 2017년 배양육 치킨과 오리고기를 선보였으며, 뉴에이지미트는 지난 2019년 3월에 배양육 소시지 시식회를 연 바 있다. 멤피스미트엔 곡물업체 카길과 빌 게이츠, 2014년부터 육식을 중단한 리처드 브랜슨Richard Brandson 버진그룹 회장도 투자에 참여했다(최문희 & 신연재 2019).

배양육은 기본적으로 실험실에서 근세포를 증식시키는 방식이라 실제 동물의 근섬유를 재현하면서도 축산업이 가지고 있는 자원의 비효율성, 환경오염, 인간에 미치는 보건학적 문제 등을 해결할 수 있으며, 무엇보다도 도축 없이 육류를 생산할 수 있다는 점에서 큰 이점을 가지고 있다.

배양육의 여러 난점 중 가장 큰 것은 개발비용으로, 2013년 마르크 포스트의 배양육 첫 시제품 패티 2개를 만드는 데 드는 비용은 75만 달러였다. 2018년 기준 100g당 생산 단가는 250달러로 낮아졌으며, 현재 100g에 8달러까지 내려갔다는 소식이 전해지고 있다. 그러나 배양육 연구자들은 배양육 기술에 투자되는 비용은 다른 신기술의 연구단계에서 투자되는 비용에 비해 높지 않으며, 시장에 선보이기까지 긴 시간이 걸리지 않을 것으로 추정하고 있다. 배양육의 기술발전을 기반으로 하여 마르크 포스트가 운영하는 모사미트는 2021년 배양육 햄버거 패티를 상용화하는 것을 목표로 하고 있다.

배양육 기술

배양육은 현재 미국과 네덜란드에서 활발히 연구되고 있지만, 이 밖에도 이스라엘, 캐나다, 일본, 싱가포르, 그리고 중국 등에서 세포기반 배양육을 만들기 위해 힘을 쏟고 있다. 배양육을 만드는 기술은 크게 4단계로 구분된다.

1단계: 생검으로 소에서 근 위성세포satellite cell를 추출.
2단계: 세포를 영양소가 풍부한 배양액FBS에서 증식.
3단계: 세포에 전류를 가하여 실제 근육으로 성장하도록 자극.
4단계: 고기를 수확하여 지방이나 향을 입히는 후속 작업.

배양육은 배양단계에서 크게 두 가지 방식으로 구분되는데, 하나는 스캐폴드scaffold 방식으로 골격근을 이루는 근아세포myoblast가 부착하여 성장할 수 있도록 기층을 만들어주고 이를 기반으로 근세포가 자라나게 하는 방식이다. 이 스캐폴드는 완성된 배양육의 일부를 이루기 때문에 식용가능하고 기계적으로 유연한 성질을 가져야 하며 당김과 풀림이 가능한 소재여야 한다. 현재 삼, 옥수수, 콩 등에서 얻어지는 단백질로 스캐폴드를 제조하는 방법이 개발되었으며, 현재까지 대부분의 배양육은 이러한 방식으로 만들어지고 있다. 스캐폴드 방식은 햄버거 패티나 소시지처럼 구조가 필요 없는 고기를 생산할 때 적당하다.

자기조직화 방식은 줄기세포가 스스로 조직을 만들면

서 커 나가게 하는 방식으로 스테이크처럼 조직texture이 살아 있는 고기를 생산할 때 적당하다. 그러나 이 방식은 현재 기술적으로 많은 난제를 안고 있으며, 특히 돼지나 소와 같은 육류에서는 효과를 거두지 못한다.

자기조직화 방식의 기술적 한계로 인해 현재 생산되고 있는 배양육은 모두 소시지나 햄버거 패티에 사용될 수 있는 간 고기 형태이며 스테이크 형태의 덩어리 고기는 생산하지 못하고 있다. 이를 해결하고자 식품용 3D프린터를 이용하여 고기를 두껍게 만드는 기술도 개발 중이다.

배양육 생산을 가로막는 또 다른 난점 중 하나는 배양 기술이다. 현재 세포를 배지에서 배양하기 위해서는 영양분이 들어간 혈청이 필요하다. 일반적으로 혈청의 질은 세포배양의 성공 여부에 상당히 중요한 영향을 미치며, 현재로서는 우태혈청fetal bovine serum, FBS이 가장 우수하다고 알려져 있다. 그러나 우태혈청을 생산하기 위해서는 송아지, 혹은 임신한 소를 도축해야 하기에 축산의 윤리적 문제와 유사한 문제를 야기할 수 있다. 또한 일반적으로 인공적 합성이 불가능한 혈청의 경우 가격대가 매우 높은데다가 계속 변동하기 때문에 안정적인 대량 공급이 어렵다는 난점이 있다. 이 때문에 무혈청serum free 혹은 비동물유래혈청animal-derived component free 배지를 이용하려 하고 있으나, 아직까지 기술적으로 충분치 못한 것으로 알려져 있다.

배양육의 이점

자원과 기후변화

배양육의 가장 큰 이점은 자원이 절약된다는 점이다 에너지 측면에서 축산은 매우 비효율적인 에너지 공급 체인으로 알려져 있다. 배양육은 육식을 유지하면서 이를 획기적으로 개선하는 대안이 될 것으로 예상되는데, 예를 들어 현재 1cal의 소고기를 생산하기 위해서 23cal가 투입된다면, 배양육의 경우 3cal를 투입해 1cal의 고기를 생산하는 것이 목표이다.

전반적으로 배양육 생산의 생명주기평가life cycle assessment, LCA에 따르면 배양육은 전통적인 축산방식으로 고기를 생산하는 경우보다 토지 사용량은 99퍼센트, 가스 배출량은 96퍼센트, 에너지 소비량은 45퍼센트를 줄일 수 있다고 평가된다.

배양육의 상용화는 목초지의 황폐화와 식물자원의 동물사료화, 온실가스 생성, 가축분뇨로 인한 토양과 수질의 오염 등으로 지구기후변화에 부정적 영향을 미치고 있는 축산업의 폐해를 감소시켜 줄 것으로 기대하고 있다.

영양과 위생

배양육의 또 다른 장점은 생산과정의 통제가 쉽다는 것이다. 이에 따른 두 가지 이점은 영양학적으로 영양소의 완벽한 통제가 가능하다는 것과, 생산과정에서 발생하는 여러 오염원을 통제함으로써 분변을 통한 오염이나 가축 전염병 등을 막고, 나아가 인체에 항생제가 축적되는 문제를 방지한다는 것이다.

한국은 이미 지난 수년간 조류독감과 구제역으로 인해 연례적으로 많은 사회적 비용을 지출해 왔으며, 공장식 축산과 이와 같은 축산단지의 밀집 현상은 가축전염병의 빠른 확산에 큰 영향을 미치고 있다. 현재 전 지구적으로 문제가 되고 있는 코로나바이러스를 비롯하여 여러 인수공통감염병이 현재의 축산업 환경으로 인해 더욱 자주, 강하게 출현할 것으로 경고하는 목소리가 높아지고 있다.

이와 같은 병으로부터 가축을 통제하는 과정은 다른 한쪽에서 항생제의 축적 문제를 야기한다. 식품의약품안전처의 2019년 자료에 따르면 축수산용 항생제 판매량은 지난 10년간 큰 변화가 없었으며, 이에 따른 가축의 항생제 내성은 항생제와 가축의 종류에 따라 다르지만 대체로 증가하고 있는 것으로 것으로 나타났다(식품의약품 안전처 2019). 배양육은 원칙적으로 위에 나타난 문제들로부터 자유롭다. 배양육의 경우 생산 환경의 통제가 가능하므로 가축의 분변을 통한 감염이나 유통과정에서의 문제뿐만 아니라 가축전염병 자체가 발생하지 않는다. 따라서 배양육은 전염병 문제와 그로 인해 발생하는 항생제 내성 문제를 해결하는 대체재가 될 수 있다.

동물윤리

현재 배양육이 각광을 받는 주된 이유 중 하나는 현재 공장식 축산이 안고 있는 동물윤리적 측면에서 제기되는 문제들을 거의 대부분 해결할 수 있기 때문이다. 길게는 가축을 기르기 시작한 후부터, 짧게는 산업화된 공장식 축산이 발전된 이후부터, 동물은 인간에게 단순한 식량자원으로써의 의미가 강화되어 왔으며, 이로 인해 인간과 동물의 관계가 심하게 왜곡되었다. 그리고 이 문제의 중심에는 비윤리적인 사육방식과 도축방식이 포함된다. 이는 또한 앞에서 언급한 바와 같이 인간이 가축을 기르고 도축하는 기술적 방식의 측면과 더불어 과연 인간이 영양 섭취를 위해 다른 생명을 죽이는 것이 어느 선까지 정당화될 수 있는가의 문제도 제기된다.

그러나 배양육의 경우 최초 살아있는 세포를 채취하는 과정을 빼고는 동물에게 어떠한 고통을 주지 않으며, 심지어 최종단계까지 어떠한 생명도 죽이지 않는다는 측면에서 대부분의 윤리적 문제를 해소한다. 이와 같은 장점은 배양육의 윤리적 우월성뿐만 아니라, 사람들의 심리적 장벽을 낮추어 시장성도 확보할 수 있다는 이점이 있다.

배양육의 난점

가격과 기술

배양육이 상용화되고 나아가 현재의 축산업을 부분적으로라도 대체하기까지는 많은 난점이 있다. 배양육의 상용화에 가장 큰 난점은 가격이다. 2013년 최초 패티 하나를 만드는 데 33만 달러(물론 막대한 연구개발비가 포함된 가격이다)였던 가격이 현재 100g에 8달러까지 떨어졌다는 소식이 있으나 여전히 일반적으로 소비하기엔 비싼 수준이다.* 규모의 경제를 달성하면 해결될 문제일 수도 있으나, 낙관적으로만 보기에는 많은 장애물들이 기다리고 있다.

예를 들어 배양육이 실제로 지구온난화를 막을 수 있다는 주장에 의문을 표하는 견해도 있다. 존 린치John Lynch 교수는 최근 연구에서 배양육으로 가축이 직접 내뿜는 메탄가스는 줄어들지만 이산화탄소 발생량이 반드시 같이 줄어드는 것은 아니라고 주장했다. 일반적으로 메탄은 이산화탄소보다 지구온난화에 단기적으로 많은 영향을 미친다. 그러나 메탄이 약 12년 후면 사라지는 반면, 이산화탄소는 1000년 이상 영향을 미친다. 따라서 관건은 배양육으로의 전환 그 자체가 아니라 배양육을 만드는 데 필요한 에너지를 어떻게 탄소중립적으로 생산하는가의 문제로 귀결된다.

대부분의 배양육 관련 투자자와 연구자는 가격을 비롯해 현재 기술 수준에서 갖는 배양육의 여러 한계들이 종국에는 해결될 것으로 예견한다. 하지만 위에서 말한 이유들 때문에 대체육에 관심을 가진 사람들 중 배양육의 상용화 가능성에 의문을 표하는 사람들도 많다. 이들은 배양육이 기존의 도축육에 비해 효율성이나 윤리적 측면에서 우위에 있는 것은 인정하지만, 현재 상용화가 된 식물기반육으로 충분하다는 입장을 취한다. 즉, 여러 기술과 난점을 넘어 배

* 미국 중산층을 대상으로 유기농 제품을 주로 취급하는 홀푸드마켓에서 스테이크용 립아이 부위는 파운드당 약 15달러(3.3달러/100g), 최고급 부위인 안심용 필레미뇽은 30달러 수준이다(6.6달러/100g).

양육을 연구하는 것보다 현재 식물기반 단백질 원천을 개발하는 편이 더 효율적이라는 주장이다.

윤리적 문제

배양용 혈청serum은 배양육의 가격과 윤리적 문제의 공통된 근원이다. 앞서 설명한 바와 같이 배양육을 만들기 위해서는 채취한 세포를 배양액에 넣어 영양분을 공급해 주어야 하는데, 이 배양용 혈청으로는 소의 태아에서 얻는 우태혈청 혹은 송아지에서 얻는 우아혈청bovine calf serum, BCS이 사용된다. 문제는 이를 얻기 위해 임신한 소 혹은 송아지를 도축하여 그 혈액으로부터 혈청을 분리해야 한다는 점이다. 얻기 어렵기 때문에 가격이 비싼 것은 물론이고(100ml당 약 18만 원), 우태혈청을 얻는 과정에서 비인도적인 도살이 이루어져야 하기 때문에 배양육이 과연 엄밀한 의미에서 더 윤리적인가 하는 근본적인 질문을 낳는다. 이러한 논리적 모순(물론 도축되는 개체수는 비교할 수 없이 적겠지만)을 해결하고자 현재 동물에서 유래하지 않은 배양액 기술이 개발 중이다.

심리적 장벽

기술적인 측면과 비용적 측면이 해결된다고 해도 배양육에 대한 심리적 거리는 상당시간 지속될 가능성이 있다. 기본적으로 배양육은 실험실에서 인공적으로 만들어진 것으로, 색상이나 질감, 향미 등에 있어 도축된 고기와 차이를 보인다. 예를 들어 배양육에는 혈액성분이나 지방이 없어 배양된 직후는 노란 빛을 띠게 된다. 이와 같은 이질감을 상쇄하기 위해 현재는 색소와 지방 성분을 후처리해 주어야 한다. 아무리 과학적으로 동물의 근섬유를 복제한다 해도 자연상태의 동물과 똑같이 만드는 것은 쉽지 않다. 특히 멤피스미트와 같이 현재 기술 촉진을 위해 배양육 합성 과정에서 유전자가위CRISPR 기술을 응용할 계획을 가진 업체들도 있는데, 이 경우 반감은 더욱 커질 수 있다. 이와 같은 한계점은 소비자들에게 상당한 심리적 부담을 줄 것으로 생각된다. 하지만 다른 한편으로 이와 같은 심리적 거리는 배양육이 보편화된 이후 태어나는 세대가 이를 자연스럽게 받아들이면서 극복하리라 예상할 수 있다.

사회적, 윤리적 이슈

마지막으로 배양육이 이 모든 경제적, 기술적, 심리적 장벽을 넘어 상용화되었을 때 일어날 사회적 문제에 대해서도 생각해 볼 필요가 있다. 현재 배양육 기술은 생산 가격을 낮추는 데 초점이 맞춰져 있는데, 만일 이와 같은 시도가 성공하여 배양육의 가격이 도축육 가격보다 낮아질 경우, 누가 배양육을 소비하게 될까를 상상해 보자.

인류는 산업혁명을 거치면서 많은 소비재를 천연이 아닌 인공물로 대치해 왔다. 그럼에도 불구하고 인류의 소비재가 완전히 인공물로 대치되지 않은 것은 천연물을 단순히 기능적으로 평가하지 않고 심리적 의미를 부여하기 때문이다. 예를 들어 기능적으로 천연섬유와 전혀 차이가 없는, 혹은 더 기능이 좋은 인공섬유가 대량생산되지만 사람들은 여전히 값비싼 천연섬유 제품을 찾는다. 마찬가지로 인조가죽이나, 플라스틱 식기, 자동화된 대량생산품이 보다 값싸고 질 좋은 방식으로 제공되지만, 자연유래 제품은 기능상의 우위가 없거나 심지어 기능적으로 열등함에도 불구하고 나름의 고유한 가치를 가지고 값비싼 위치를 차지한다.

이와 같은 측면에서 비춰 본다면, 마치 영화 〈소일렌트 그린Soylent Green〉에 묘사된 상황처럼 인공적인 배양육이 값비싼 진짜 고기를 향유할 수 없는 저소득층의 육류 대체재로 전락해 그 자체로 계급의 상징이 될 가능성이 있다.

윤리적인 패러독스도 난점이 될 수 있다. 육식을 거부하는 이유는 다양하지만 특히 윤리적 이유로 육식을 거부하는 것은 축산업이 동물을 다루는 방식이 동물에게 지나치게 고통을 주기 때문이라는 입장이 있다. 배양육을 연구하는 학자들은 배양육이 이처럼 동물윤리의 측면에서 육식을 거부하는 사람들의 대안이 되리라고 주장한다. 그러나 논의에 조금 더 깊이 들어가 보면 과연 고기라는 것이 무엇을 의미하며, 고통받는 가축이라는 대상이 무엇인지를 규정하기가 쉽지 않음을 발견하게 된다. 예를 들어 사육하고 도축하는 방식이 동물에게 너무 많은 고통을 주기 때문에 육식을 거부한다고 하면, 고통 없이 사육되어 도축된 동물들은 섭취해도 괜찮은 걸까? 짓궂은 질문이기는 하지만 답하기는 쉽지 않다. 물론 현재 동물을 사육하고 도축하는 방식은 동물을 대상화하고 동물의 삶의 가능성을 인위적으로 차단한다는 의미에서 여전히 존재론적으로 비윤리적이라

하겠지만, 적어도 공리주의적 입장에서 고통 없이 사육되고 도축된 동물은 윤리적 문제를 가지지 않는다고, 혹은 그 손익분기점이 어느 정도의 고통인지는 불분명하다고 주장할 수 있다.

배양 접시의 줄기세포로부터 뻗어 나온 신경이 없는 고기는 윤리적 대상인가 아닌가 하는 질문에도 봉착할 수 있다. 우리는 뇌나 신경이 있어 고통을 느끼는, 혹은 더 나아가 자의식을 가지고 미래를 투사하는 동물만을 윤리적 대상으로 삼을 수 있는 걸까? 하지만 우리는 박테리아나 균류를 자연의 중요한 한 부분으로 여기며, 삼림을 훼손하거나 멋진 풍경 앞에 놓여 있는 바위를 마음대로 부수는 행위를 윤리적으로 옳지 않다고 여기기도 한다. 이는 우리의 윤리적 잣대가 비단 통각신경을 가진 대상에 국한되지 않음을 보여 준다. 따라서 살아 있는 세포로 만들어진 배양육을 동물윤리의 잣대에서 확실하게 배제할 수 있는지의 여부는 생각보다 간단치 않다.

결론

인류의 증가속도와 더 빠르게 증가하는 육류소비 추이를 보았을 때, 그리고 지구에 미치는 환경적, 윤리적, 자원 비효율적 측면에서의 부정적 영향을 전반적으로 고려했을 때, 현재 축산 시스템은 앞으로 인류의 식탁에 육류를 공급하는 방식으로 지속가능하지 않다. 이를 해결하고자 새로운 단백질원으로서의 인공육이 등장했으며, 이미 널리 통용되고 있는 식물기반 육류와 연구가 진행 중인 배양육이 관심을 끌고 있다.

배양육은 아직 상용화되지 않은 실험단계지만 기존 축산방식에 비해 에너지 효율성이 높고 환경친화적이다. 각종 인수공통감염병으로부터 안전하다는 측면에서도 매우 좋은 대안이 될 것으로 보인다. 그러나 다른 한편으로 기술적 문제, 윤리적 문제, 상용화되었을 때 나타날지 모르는 사회적 문제 등은 해결해야 할 과제로 남아 있다.

그럼에도 불구하고 코로나19의 상황에 비추어 인공육, 특히 배양육이 가지는 의미는 진지하게 생각해 볼 필요가 있다. 현재의 산업동물을 기반으로 한 축산업의 육류공급 시스템에서는 인간과 동물의 거리가 좁혀질 수 없다. 오히려 축산업과 단위 축산농가의 전체 규모가 더욱 커지며 축산 부산물의 효율적 처리를 위해 도시와의 거리를 점차로 좁힐 가능성이 크다. 이와 같은 상황은 인간과 동물이 조우하는encounter 빈도를 계속해서 높일 것이며, 그에 따라 인수공통감염병의 전파 가능성 역시 높아질 것이다.

일반적으로, 치사율이 높은 바이러스는 감염력이 낮고, 감염력이 높은 바이러스의 경우 치사율이 낮을 수밖에 없는 바이러스의 고유한 특성으로 인해 감염 확산의 균형이 맞춰졌지만, 이번 코로나19와 같이 치사율과 감염력의 균형점이 가장 최적화된 바이러스의 출현은 특별한 사건이라기보다는 확률상 계속 반복될 사건일 뿐이다. 인류에게 있어 이번과 같은 치명적 바이러스의 출현이 확률에 의한 상수로 주어져 있다면, 인류의 선택은 그 전파 속도와 범위를 줄이는 데 맞춰져야 할 것이다. 백신과 치료제의 개발은 그 이후의 일이다.

인공육은 육식을 포기하지 않은 인류에게 인간과 (엄청난 숫자의) 동물과의 거리를 넓혀 줄 수 있는 현재로서 유일한 대안으로 떠오르고 있다. 많은 문제점과 우려에도 불구하고 인공육을 통해 인류에게 단백질을 공급할 수 있다면, 지금까지 제기된 여러 경제적 불평등의 문제와 더불어 전 인류를 공포에 몰아넣는 인수공통감염병의 발생 확률을 낮출 수 있을 것이다.

참고문헌

식품의약품안전처, 「축산 분야 국가 항생제 내성 조사 보고서 발간」, 2019.

최문희, 신현재, 「배양육의 최신 연구 현황과 공학적 과제」, 『KSBB Journal』, 34(3), pp.127~134, 2019.

피터 싱어, 『실천윤리학』, 황경식, 김성동 옮김, 3판, 연암서가, 2013.

Alexander, P., Brown, C., Arneth, A., Finnigan, J., Moran, D., Rounsevell, M., "Losses, inefficiencies and waste in the global food system", in *Agricultural Systems*, 153, pp.190~200, 2017.

Domínguez-Rodrigo, M., Pickering, T. R., Diez-Martín, F., Mabulla, A., Musiba, C., et al., "Earliest porotic hyperostosis on a 1.5-million-year-old hominin, Olduvai Gorge, Tanzania", in *PLoS ONE*, 7(10), 2012.

Lynch, J., Pierrehumbert, R., "Climate Impacts of Cultured Meat and Beef Cattle", in *Front. Sustain. Food Syst,* 3(5), 2019.

Mosher, D., Gould, S., “DEBUNKED: Lettuce is not ‘three times worse’ than bacon”, in *Business Insider*, 2015.
Ruby, M. B. “Vegetarianism. A blossoming field of study.” in *Appetite*, 58, no.1, pp.141~150, 2012.

마을과 바다의 새로운 관계*

지속가능성인증의 가능성

박선영

* 본 제목은 필자가 참여한 '제3차 경남 사회혁신 연속토론회: 마을과 바다의 새로운 관계'(2020년 11월 19일 개최)에서 차용했다.

코로나19가 바닷가 마을에 던진 과제, 누가 바다에서 일할 것인가?

지난 2020년 5월 말, 약 2년여의 준비 끝에 전남 완도에서 다시마와 톳을 기르는 11곳의 어가가 지속가능한 책임 수산물에 부여하는 에코라벨 프로그램인 ASC Aquaculture Stewardship Council 국제인증 심사를 받았다. 이 과정에서 나는 심사원을 도와 베트남과 스리랑카로 각각 전화를 해야 했다. 양식수산물의 지속가능성과 사회적 책임성을 중요하게 여기는 ASC 국제인증심사는 크게 환경분야 심사와 사회분야 심사로 나뉘는데, 사회분야 심사에서는 각 어가에서 고용하고 있는 노동자들과 개별 인터뷰를 하도록 규정하고 있다. 그런데 2020년 1월까지 이곳 완도에서 어민들과 함께 일했던 외국인 노동자들이 코로나19 때문에 아직 입국하지 못하고 있어 부득이하게 국제전화로 인터뷰를 시도한 것이다.

1년간의 근로계약을 마치고 다시 일을 시작하기 전에 잠깐 고향에 다녀온다던 노동자들은 코로나19의 전 세계적 확산으로 수확기인 6월이 다 되도록 발이 묶여 있었다. “사장님, 저 언제 한국 갈 수 있어요?" 전화가 연결되자마자 들려오는 질문에 답을 해 줄 수 있는 사람은 아무도 없었다. 2020년 봄, 남쪽 바다에서 다시마, 톳, 미역 등 해조류 양식을 하는 어민들은 생산량을 대폭 줄이거나 수확을 아예 포기하기도 했다. 가족 중심의 소규모 어업을 하는 경우에도 수확기에는 단기간 집중적으로 많은 일손이 필요한데, 이제까지 어촌에서 손발이 되어 주었던 외국인 노동자들을 구하지 못했기 때문이다. 어렵사리 인력을 구했어도 인건비가 너무 많이 올라 차라리 수확을 포기하는 경우도 생겼다. 앞으로 누구의 손을 빌려 우리 먹거리를 길러 낼 것인지 심각하게 묻지 않을 수 없다.

생물다양성 보전을 위한 핵심 도구
: 보호지역 지정과 지속가능한 농어업

2017년 8월, 나는 대학 입학과 함께 시작했던 약 20여 년의 서울 생활을 정리하고 남도의 바닷가 마을로 이주했다. 태어나고 자란 곳은 남쪽의 소도시였지만 '회귀'의 장소로 군 단위의 소읍을 선택한 것은 그 전해부터 지속가능한 수산물 국제인증제도 때문에 만나 왔던 어민들과 좀 더 가까운 곳에서 일하기 위해서였다. 대학을 졸업하자마자 국내 환경단체에서 일을 시작한 나는 주로 동아시아에서 멸종위기에 놓인 이동 물새와 이들의 서식지인 습지 보전을 중심으로 한 생물다양성 분야의 국제협력을 담당했다. 3월 중순

이면 번식을 위해 서해안 접경지역을 찾는 저어새, 그해 길러 낸 새끼들과 함께 철원, 천수만, 순천 등지에서 겨울을 나는 두루미, 재두루미, 흑두루미, 봄·가을 북극 지역에서 호주·뉴질랜드까지 1만 킬로미터가 넘는 왕복 비행을 하는 도중 우리나라 서남해안 갯벌에 들러 비행에너지를 다시 충전하는 도요물떼새 들이 나의 주 파트너들이었다. 논, 강하구, 갯벌 등 우리나라의 대표적인 자연생태계 유형에서 흔하게 볼 수 있었던 이 새들이 멸종위기까지 내몰린 가장 큰 이유는 제2차 세계대전 이후 동아시아 국가들이 동일하게 경주한 근대화와 산업화로 서식지가 파괴되어서다. 따라서 멸종위기에 처한 이동 물새를 보전하기 위한 노력은 자연스럽게 이들의 서식지를 공식적인 보호지역으로 지정하여 미래의 개발 가능성을 차단하고 제대로 관리하자는 움직임으로 이어지게 된다. 국제사회는 이미 1971년 습지에 관한 협약Convention on Wetlands, 람사르협약을 체결하고 물새와 물새 서식지인 습지를 보전하고 국제보호지역으로 지정하기 위해 노력했다. 우리나라도 1997년 3월 람사르협약에 가입한 이후 꾸준히 국내 주요 습지를 람사르습지로 지정하고 있다.

이와 같은 보호지역의 지정과 관리는 한 국가의 생물다양성을 유지하고 증진하는 데 필수적인 정책 도구이다. 문제는 생태적으로 중요한 지역을 보호지역으로 지정하기까지 시간이 너무 오래 걸린다는 것이다. 멸종위기에 처해 있는 이동 물새의 생존에 꼭 필요한 서식지가 보호지역으로 지정되리라는 보장도 없다. 야생조류의 생존을 보장하기 위해서는 새의 전체 생활 주기를 고려하여 번식 공간, 먹이 섭취 공간(취식공간), 휴식 공간을 모두 보전하는 것이 중요하다. 그러나 우리나라에서 특히 이동 물새의 주요 취식 공간인 논과 강하구, 갯벌을 보호지역으로 지정하는 것은 대단히 어렵다. 최근 들어 다양한 자연환경 교육과 생태관광 등이 이루어지면서 자연 보전에 관심을 갖는 도시민들이 늘어나고 있지만 논과 갯벌을 가장 많이 이용하는 사람들은 결국 이곳에서 농사를 지어 생계를 유지하는 농민과 어민이다. 따라서 이들이 자신이 농사짓는 공간이 물새를 비롯한 다양한 야생동물들이 함께 살아가는 '생명' 공간이 될 수 있도록 자발적으로 노력하는 것이 중요하다. 그러나 보전 현장에서 농민, 어민 들과 접점을 만들어 내기는 요원해 보였다. 농어업을 어떻게 생물다양성을 보전하는 핵심 도구로 삼을 수 있을까 고민이 깊어질 무렵 지속가능한 책임수산물을 생산하기 위해 만들어진 ASC나 MSC 같은 국제인증제도를 통해 어민들을 직접 만날 수 있는 기회가 생겼다. 어민들의 어업 활동이 주변 육해상 생태계와 생물다양성에 미치는 영향 또한 국제인증제도가 중요하게 고려하는 요소 중 하나였다. 지속가능한 농어업을 통해 생물다양성을 보전하는 방법을 고민하던 내게는 망설일 수 없는 기회였다.

바다의 지속가능성, 어업의 지속가능성

어류는 이미 전 세계 인구의 절반 이상인 약 30억 명에게 단백질을 공급하는 중요한 공급원이다. 최근 공장식 축산업과 이를 뒷받침하는 육식 문화가 환경에 미치는 부정적 영향이 부각되면서 채식에 관심을 가지고 실천하는 사람들이 많아지고 있다. 소고기, 돼지고기 같은 붉은 고기와 닭 등 가금류는 먹지 않지만 생선은 먹는 페스코 베지테리언pesco-vegetarian이 되거나, 식물성 음식만 먹는 비건vegan으로 가는 중간 단계로서 페스코 베지테리언을 선택하는 사람들도 늘고 있다. 그러나 해양 오염, 기후변화, 남획, 혼획, 불법 어업 등으로 바다에서 잡히는 수산물은 급속하게 감소하고 있다. 계속 증가하는 수산물 수요와 공급의 격차를 줄이기 위한 대안으로 꼽히는 것이 양식수산물이다. 현재 양식업은 전 세계적으로 가장 빠르게 성장하는 식품생산 분야이다. 지난 30년간 전 세계 양식업은 매년 평균 약 8.6퍼센트씩 성장했으며 현재 식품으로 사용되는 전 세계 물고기의 58퍼센트가 양식장에서 나오고 있다(FAO 홈페이지). 전 세계 수산물 소비량 중 양식수산물이 차지하는 비율은 1974년 7퍼센트에서 1994년 26퍼센트, 2004년 39퍼센트로 꾸준히 증가했으며 2014년에는 처음으로 양식수산물 소비량이 자연에서 잡은 수산물 소비량을 추월했다. 우리나라의 2016년 연근해어업 생산량은 총 92만 3,477톤으로 1973년 기록이 시작된 이래 생산량이 100만 톤 아래로 떨어진 것은 처음이다. 반면 양식수산물 생산량은 사상 최대치인 183만 7,600톤을 기록했다(WWF-Korea 2018). 이와 같이 전 세계의 수산물 공급에서 양식업이 차지하는 비중이 높아지면서 양식장의 개발과 운영이 환경과 사회에 미치는 부정적 영향을 저감하고 지속가능하고 책임감 있는 관리를 해야 한다는 목소리가 나타나기 시작했다.

지속가능한 양식수산물 국제인증 ASC

ASC는 약 20여 년 전 등장한 전 세계적 지속가능한 수산물 운동Sustainable Seafood Movement의 일부이다. 표준규격Standard에 따른 엄격한 심사를 통해 환경적·사회적인 책임감을 가지고 생산되는 지속가능한 양식수산물에 국제인증 및 에코라벨을 부여하는 프로그램이다. 1997년 세계 최초의 지속가능한 수산물 인증 및 에코라벨 프로그램인 MSC Marine Stewardship Council, 해양관리협의회를 설립했던 WWF World Wide Fund for Nature가 2010년 네덜란드 지속가능무역이니셔티브The Sustainable Trade Initiative, IDH와 공동으로 양식업만을 대상으로 한 국제인증 ASC를 설립했다. ASC는 양식업이 환경에 미치는 부정적 영향을 최소화하면서 인류에게 주요한 식량과 사회적 이익을 제공하는 데 기여하는 것을 사명으로 삼는다. 어류의 종류에 관계없이 오직 하나의 표준만을 가지고 있는 MSC와 달리, ASC는 양식장에서 키워 내는 수산물의 종류에 따라 각각 다른 표준을 가지고 있다. 2020년 현재의 표준은 전복, 이매패류(굴, 홍합, 바지락 등), 새우, 방어류, 연어, 농어/도미류, 민물송어, 팡가시우스, 틸라피아, 가자미류의 총 10종이다. 이외에도 2018년 ASC와 MSC가 공동으로 개발한 해조류 인증 프로그램도 운영되고 있다. ASC 인증 프로그램은 크게 양식장 인증과 수산물의 가공·유통 및 판매망에 부여하는 관리유통망

Chain of Custody, CoC 인증으로 이루어진다. 양식장 인증과 관리 유통망 인증이 결합하여 지속가능한 양식 수산물이 생산되고 판매되고 소비되는 전 과정의 가치 사슬을 강화하고 있는 것이다.

앞서 언급했듯이 ASC 양식장 인증은 환경적으로 지속가능하고 사회적으로 책임 있게 운영·개발되는 양식장을 만드는 것을 목표로 한다. 따라서 ASC 인증 표준도 크게 환경 분야 기준과 사회 분야 기준으로 나뉜다. 표준에는 7가지 원칙이 있고 각 원칙은 다시 원칙을 달성하고 있는지 평가하는 구체적 지표로 이루어진다. 각 표준마다 원칙을 구성하는 내용은 다르지만 최소 100여 개 이상의 지표로 이루어져 있으며, 인증을 받고자 하는 양식장들은 이 지표가 요구하는 조건에 부합해야만 한다. ASC 표준의 세부 원칙과 내용은 다음 〈표 3〉과 같다.

ASC 국제인증을 통한 지속가능한 어업 전환 : 국내에서의 시도

남쪽 바닷가 마을로 이사 온 지 1년 만인 2018년 7월, 완도군 내 14개 전복양식장 어가가 ASC 국제인증을 받는데 성공했다. 국내에서 ASC 인증 취득 가능성을 논의하기 시작한 지 꼭 2년 만의 일이었다. 이후 지속가능한 책임 수산물과 ASC 국제인증에 대한 인식이 지방정부와 어민 사이에 확산되었다.

2020년 12월 현재, 부산 기장 3어가(미역), 전남 완도군 12어가(전복), 전남 고흥군 1어가(굴) 및 완도친환경수

표 3. ASC 양식장 기준의 원칙과 내용

분야	원칙	내용
환경 분야	원칙 1	(국내) 법률을 준수하고, 양식장이 위치한 지역에 적용되는 모든 법적 요건 및 규정을 따른다.
	원칙 2	서식지 생물다양성, 생태학적 과정에 미치는 주요 역기능을 방지, 개선 또는 완화한다.
	원칙 3	야생 개체군의 건강과 유전적 다양성에 유해한 영향을 방지하고 완화한다.
	원칙 4	환경적으로 책임감 있는 태도로 병충해를 관리한다.
	원칙 5	자원(먹이, 연료, 담수, 쓰레기 처리 등)을 효과적으로 사용한다.
사회 분야	원칙 6	선량한 이웃이자 양심적인 연안 시민이 된다.
	원칙 7	사회적·문화적으로 책임감 있는 태도로 양식장을 개발하고 운영한다.

산물협동조합 11어가(다시마, 톳)가 국제인증을 취득했다. 이외에도 진도전복섬영어조합법인, 경남 창원시 금진수산 및 장흥무산김 주식회사가 ASC 인증 취득을 목표로 준비하고 있다.

완도친환경수산물협동조합은 2019년 1월, 농산물처럼 수산물도 이제 친환경수산물 또는 지속가능한 수산물을 생산, 판매, 소비할 필요가 있다는 인식 아래 다시마, 톳, 미역, 김과 같은 해조류를 주로 생산·유통하는 완도군 내 5개 어가가 모여 설립했다. 완도친환경수산물협동조합은 협동조합의 친환경 수산물 생산 가이드라인으로 ASC 국제인증 표준을 선택했으며 현재 완도군 금일도, 생일도, 신지도 앞바다에서 다시마와 톳을 생산하는 생산조합원 11명을 포함, 총 17명의 조합원이 있다. ASC 인증 취득 준비를 위해 지난 약 1년 6개월 동안 조합원 전체가 본인 양식장의 스티로폼 부표를 친환경부표로 교체했고, 해양쓰레기를 수거하고, 양식장 주변 멸종위기 야생동물을 모니터링하는 등 해조류 양식 활동이 환경에 미치는 영향을 줄이기 위해 노력했다. 뿐만 아니라 지역에서 '완도 ASC-MSC 해조류 협의회', '완도 ASC-MSC 해조류 지역사회포럼'을 구성하여 지역사회의 동료 어민 및 지역 주민을 비롯한 다양한 이해관계자와 정기적으로 소통하는 자리를 만들기도 했다. 완도친환경수산물협동조합은 2년 여의 준비와 노력 끝에 지난 2020년 10월 말 다시마와 톳에 대한 ASC-MSC 해조류 인증을 취득하고 곧 국내 및 해외 시장에 인증수산물을 선보일 계획이다.

금진수산은 경남 창원시 마산합포구 창포만에서 1970년부터 홍합 양식을 해 온 50년 역사의 수산기업이다. 현재는 홍합 양식 이외에도 금진수산의 유통망을 통해 국내외 약 140여 종의 수산물을 전국으로 내보내고 있다. 금진수산은 지난 50년 동안 창포만에서 양식업을 하면서 누구보다도 창포만의 해양 환경 변화를 절감하고 있는 기업이다. 그동안 보다 품질 좋은 홍합을 생산하기 위해 친환경부표를 직접 개발해 교체하고 가공설비를 개선하는 등 다양한 시도를 해 왔다. 창포만의 이명마을과 창포마을 한가운데

자리 잡은 기업의 입지 조건을 살려 지역의 '뿌리 기업'으로서 쇠락하고 있는 어촌마을을 회복시키고 활성화하는 역할도 모색하고 있다. 2020년 11월 말에 금진수산은 인증 수산물을 가공·유통할 수 있는 자격이 주어지는 ASC CoC 인증을 취득하고 국내 시장에 지속가능수산물 보급을 늘리고자 하고 있다. 뿐만 아니라 2020년 7월 및 11월에는 지속가능한 어업과 어촌사회 혁신을 주제로 창원시와 경상남도의 다양한 이해관계자들이 참여한 정책토론회에 직접 참여하여 현장의 목소리를 활발하게 내고 있다.

마치며: 새로운 관계를 위한 지속가능성 교육의 필요성

어떤 이는 지금 우리가 당면한 시간을 기후위기, 생물다양성 위기, 코로나19 위기가 겹친 삼중고, 즉 '트릴레마 Trilemma'의 시간이라고 말한다. 그동안 바닷가 마을들은 주로 도시화, 산업화로 과밀해진 공간에서 확산되는 코로나19 바이러스로부터 상대적으로 안전한 편이었다. 그러나 앞서 언급했듯이 이번 사태로 비교적 자유롭게 이동할 수 있는 '저렴한' 외국인 노동자들의 존재를 전제로 먹거리를 생산해 온 우리 농어촌 생산시스템의 구조적 취약성이 드러나기도 했다. 수년 전부터 잦은 고수온, 적조 발생 등 바다환경과 어족자원의 변화로 기후변화를 한발 앞서 체감하고 있었던 어민들에게 이번 코로나19 확산은 기존의 생태적 위기를 증폭시키는 사회적 위기가 될 수 있다. 지금 내가 만나고 있는 어민들은 이와 같은 위기를 누구보다 민감하게 느끼고 변화가 필요하다고 생각한 사람들이다. 그러나 우리가 직면한 생태적·사회적 도전은 엄중하고 어렵다. 이 도전에 맞서 어떻게 우리의 어업과 어촌(또는 농업과 농촌)을 지탱할 것인지, 환경적·사회적으로 지속가능한 농업, 어업으로의 전환을 어떻게 이루어 낼 것인지 보다 많은 사람들의 지혜를 모을 필요가 있다.

우리가 먹는 수산물이 지속가능한 방식으로 생산되었음을 알리는 ASC 국제인증과 에코라벨 제도는 무엇보다 시민들이 이처럼 지속가능한 방식으로 생산·유통되는 수산물의 중요성을 알고 선택할 때 비로소 성공했다 말할 수 있다. 지속가능성에 대한 시민들의 요구가 시장을 변화시키고, 시장의 변화가 생산 현장의 변화를 이끌어 낸다는 것이 ASC, MSC와 같은 지속가능성 국제인증제도의 바탕에 있는 변화이론Theory of Change이다. 현재 국내에서 시도되고 있는 ASC 인증 사례는 생산 현장에서 먼저 그 필요를 인식하고 시작한 것들이 대부분이다. 따라서 보다 많은 시민들이 '지속가능성sustainability'을 인지하고 이를 자신의 (소비)행동의 기준으로 삼는 것, 그래서 시장에 지속가능한 제품을 요구하고 정부에 지속가능한 농업과 어업에 대한 지원을 요구하는 것이 중요하다. 이를 위해 시민들에게 지속가능성을 보다 실질적이고 구체적으로 교육하는 것이 변화의 출발점이 되리라고 생각한다. 우리나라의 농촌과 어촌에서 자신이 살고 있는 공간과 생업에 환경적·사회적 책임감을 갖는 시민 농민, 시민 어민 들이 늘어나고, 이들을 지원하는 도시민들도 늘어나길 바란다. 더 나아가 지속가능한 농업과 어업에 국가적 계획과 투자가 일어나길 기대해 본다.

참고문헌

Derkx, B., Pieter G., "Elaborating global private meta-governance: An Inventory in the realm of voluntary sustainability standards", in *Global Environmental Change*, 27, pp.41~50, 2014.

Scheyvens, H., Mader, A., Lopez-Casero, F. and Takahashi, Y., "Socioecological production landscapes and seascapes as regional/local circulating and ecological spheres", in *Institute for Global Environmental Strategies*, 2019.

UNEP-WCMC, *United Nations List of Protected Areas: Supplement on protected area management effectiveness,* UNEP-WCMC, Cambridge, 2018.

WWF Korea, 『지속가능한 수산물을 위한 WWF의 제안』, 2018.

우포늪 습지 복원과 생태적 전환, 그리고 지속가능한 발전

이인식

코로나19로 학교도 학원도 영화관과 같은 실내 문화시설도 문을 닫은 시기, 우포늪은 가족 단위의 탐방객으로 넘쳐났다. 사람들이 위험해진 실내를 벗어나 자연으로 쏟아져 나온 것이다. 하지만 예전처럼 수십 명, 수백 명이 행군하듯이 빠르게 움직이는 게 아니라 가족과 연인과 친구들이 삼삼오오 도란도란 우포늪을 즐겼다. 프란치스코 교황은 코로나19가 생태의 위기를 무시한 자연의 대응이라고 했다. 그러나 역설적이게도 코로나19가 자연의 가치를 재조명하게 할 뿐 아니라 자연에 접근하는 인간의 태도를 바꾸게 하는 계기가 될 수 있지 않을까 기대되는 모습이었다. 코로나19로 우포늪에는 우선 대규모 관광객이 사라졌다. 야생동물들은 인간으로 인한 소음과 위험으로부터 충분히 거리두기를 할 수 있게 되었다. 주민공동체의 협력을 이끌어 내 우포늪을 보전하고, 따오기를 복원해 야생 방사하기까지 30년의 세월이 흘렀다. 앞으로의 목표는 기후위기와 생물다양성 감소에 대응하는 시범 사업으로서 습지를 복원해 야생동식물이 서식하는 야생공원을 조성하는 것이다. 이를 지역의 생태관광 자산으로 전환시키기 위해서는 생물다양성을 중시하는 생태적 전환을 이루는 것은 물론 새로운 발전 전략에 대한 준비가 필요하다.

우포늪은 낙동강이 만든 자연의 선물이다

1991년 3월, 1,500만 영남 사람들의 식수원인 낙동강에 페놀 유출사고가 일어났다. 산업화 과정에서 각종 오염사고들이 있었지만 이렇게 직접 먹는 물에서 큰 사고가 일어나자 대구, 창원, 부산 등지의 시민들은 경악했다. 식수원과 공업용수 확보를 위해 강 하류에 댐을 만들고 제방을 축조하는 과정에서 강 배후에 산재한 많은 습지들과 모래톱이 사라진 것이 사고의 원인이었다. 이것이 이 지역들을 오염사고에 무방비 상태로 만든 것이다. 낙동강과 이어진 습지들은 도시에서 배출된 쓰레기 매립장 등으로 이용되기도 했다. 생물다양성의 보루이자 홍수 조절 기능이 있으며 오염사고 시에 완충 역할을 할 수 있는 습지들은 거의 사라졌다. 우포늪만이 홍수기에 낙동강 범람을 물웅덩이로 받아들이는 자연습지로 남아 환경단체들이 보호운동에 나섰다. 보호과정에서 지역개발에 걸림돌이 된다는 이유로 창녕군과 지역주민들의 격렬한 반대가 있었다. 다행히 어렵게 설득하는 과정을 거쳐 환경부와 환경단체, 전문가 들의 협력을 이끌어 냈고 우포늪은 1997년 생태경관보호지역으로, 1998

년 국제적으로 보호되는 람사르협약 등록 습지로 지정되었다.

우포늪 자연사는 수난의 역사이다. 우포늪은 인간이 살아남기 위한 고단한 삶터였다. 빙하가 녹기 시작하면서 차오른 바닷물은 1만 년 전에는 현재의 해수면보다 25미터 아래, 8000년 전에는 10미터 아래에 있었다. 바닷물은 6000년 전이 되어서야 현재의 높이에서 안정을 이루었다. 조선시대에는 소벌, 나무벌, 모래벌, 쪽지벌, 용장택, 이지포, 누포 등 여러 개의 자연 늪지가 있었다. 그러나 일제강점기인 1930년대 산미증산 정책으로 지금의 우포늪 동쪽에 있는 대대제방을 축조하여 농지로 개간을 했고, 그 결과 현재 우포늪은 3분의 1 정도만이 남아 있다.

우포늪은 여러 번의 공청회와 대화를 거쳐 1997년 7월 26일 생태계보전지역으로 지정되었고, 1998년 3월 2일 뒤늦게나마 람사르협약에 등록된 데 이어 1999년 2월 8일 습지보호지역으로 지정되기에 이르렀다. 그 이후 정부는 습지보호지역 내에서 농경지로 변경되었던 사유지 100제곱미터 이상을 사들였으며, 현재도 주변 농경지를 매입하고 있다. 260만 평에 이르는 우포늪의 보전과 관리를 하고 있지만 앞으로 과제는 더 많은 주변 산림과 농경지를 야생 동식물들의 공간으로 확보하는 것이다. 2008년에는 경남에서 람사르협약 총회를 개최했고, 중국으로부터 40년 전 한반도에서 사라진 따오기를 기증받아 우포늪에서 복원을 시작했다. 그동안 지역주민들은 우포늪 주변이 공단 등으로 개발되지 못한 데 아쉬움을 표시해 왔다. 그러나 국제회의와 따오기복원을 통해 자연생태도 보전하면서 생태관광 등으로 지역경제를 돕는 길도 있겠다는 믿음을 갖게 되었다. 이를 계기로 민관이 협력하게 되었고 나아가 더 적극적인 지역주민들의 역할이 생겨났다.

민관-주민 협력을 통한 생태계서비스 증진으로 공동체 활성화

이때를 즈음하여 환경부에서도 습지보전관리에 주민들을 어떻게 참여시킬까 고민하면서 습지보전과 관리에 참여하는 지역을 람사르협약에 의해 인증받는 람사르마을로 조성하는 사업을 시범운영하기 시작했다. 우포늪과 동백동산 습지가 있는 창녕 세진마을과 제주 선흘마을이 시범마을로 지정되었다. 이후 람사르협약에서는 한국의 제안과 이러한 성과들을 바탕으로 람사르습지 도시인증제를 협약 내 제도로 정식 도입했다. 우포늪이 람사르습지로 등록되고 람사르총회 개최와 따오기 복원이라는 성과를 이루었지만, 여전히 우포늪 주변은 야생동식물의 터전으로 부족한 점이 많다. 그래서 복원에 성공한 우포따오기의 야생 방사를 두 차례 하면서 정부에 그린프로젝트를 제안하기에 이르렀다. 농경지로 이용되고 있는 과거 습지 지역을 국가가 매입하여 관행농업 개선, 생물다양성 증진, 홍수터 확보 등의 생태계서비스를 증진시켜 줄 것을 제안한 것이다. 실제로 람사르시범 마을이었던 우포늪 세진마을은 마을공동체 프로그램과 주민 인식 증진 사업으로 전통음식과 문화, 마을 역사 등을 재조명하는 과정에서 공동체가 활성화되었다. 초기 마을인구는 50명이었지만, 분야별로 청년 가족 25명이 더 들어와 인구증가도 일어났다. 6년 동안 이런 주민 협력 과정을 거친 시범사업의 결과 마침내 2018년 두바이 람사르협약총회에서 우포늪을 포함한 17개 람사르습지가 처음 람사르습지도시 인증을 받았다. 민관과 주민이 협력하여 생태계서비스 질을 높이는 미래계획의 첫걸음을 뗀 셈이다.

코로나 이후 우포늪은 내리사랑길이다

코로나 이후 우포늪에는 가족 단위로 걷는 모습이 늘어났다. 손주를 목말 태우고 가는 할아버지, 손주를 업고 가는 할머니의 모습을 보면 나의 어린 자식들을 어깨에 태워 걷던 옛 생각이 난다. 우포늪 생명길은 이제 '내리사랑길'이 되었다. 세월이 흘러 손주들이 할머니 할아버지를 모시고 오는 그런 효도길이 되어도 좋겠다. 여름 우포늪은 계란꽃 향이 은은하고, 하얀 나비들이 꿀맛에 취해 이리저리 비틀거리며 날아다닌다. 온 세상이 여름에 핀 눈꽃같은 들꽃들로 가득한 날, 야외 거리두기를 하며 느릿느릿 걷는다. 효도길, 내리사랑길은 영원한 생명길로 변하고 있다.

아이들이 자연 속에서 뛰노는 우포늪

2020년에는 코로나로 아이들을 만나는 우포자연학교가 5월 말에 겨우 문을 열었다. 우포따오기 먹이터 조성을 위해 세워진 우포따오기 자연학교에서 아이들이 실컷 뛰어놀았다. 아이들의 웃음소리가 따오기 복원센터 앞 논에 울려 퍼졌고, 아이들이 논 생물을 관찰하고 미꾸라지를 풀어 주는 모습을 왜가리와 백로, 따오기도 함께 보았다. 야생의 동물과 새들도 사람들을 행동을 늘 지켜보고 있다. 이곳에서는 6월이면 따오기를 위한 모내기를 한다. 우포늪을 보전하고 중국으로부터 따오기를 기증받아 야생공원을 조성하는 우포늪 40년 프로젝트는 정부와 지자체, 정치권의 협력 아래 앞으로도 계속 진행될 것이다. 이것이 기후변화와 생물다양성 감소에 대비한 우포늪만의 특별한 미래 계획이다. 이를 통해 삶의 질을 높이고, 젊은이들이 고향으로 돌아와서도 양질의 일자리를 갖도록 지원하는 데 일생을 바치고자 한다. 기성세대가 미래세대를 위해 해야 할 일이다. 내 손주가 온 누리에 태양빛이 골고루 내리쬐는 야생공원에서 티 없이 뛰놀게 하고 싶은 할아버지의 선물이기도 하다. 낙동강 배후습지들을 복원하는 일은 생물다양성을 증진하고 홍수 조절 기능을 향상시켜 기후위기에 대응하는 일이다. 낙동강 배후에는 국내외적으로 뛰어난 자연습지가 여러 곳 있다. 이렇게 잘 보전된 습지 주변을 현명하게 이용한다면 피폐해 가는 농촌과 자연환경을 생태경제적 가치로 되살릴 수 있다.

세계 람사르습지도시로 인증을 받은 창녕 지역에서 '낙동강 생태경제벨트'를 조성하자는 제안이 나왔다. 낙동강 생태경제벨트는 1단계로 우포늪을 복원해 야생공원을 만들고 생태연구자 타운을 조성해 청년 일자리 150개를 창출하자고 제안한다. 영국 '요크셔 야생동물공원'은 동물들이 자연 그대로의 환경에서 생활하며 야생성을 유지하도록 해 동물원의 모범사례로 꼽힌다. 이곳은 매년 학생 8만여 명을 포함해 76만여 명이 찾는 곳이기도 하다. 1단계는 바로 이 요크셔 야생동물공원에서처럼 보호대상인 야생 조류와 동물들을 우포늪 주변에서 자연에 가깝게 살아가게 하자는 프로젝트다. 2단계에서는 김해 화포천을 생태농축산업타운으로 구축해 환경교육단지를 만들고, 3단계에서는 창원 주남저수지를 생태주거단지로 만들어 생태 관련 국제회의를 개최한다. 이 제안을 현실화하려면 주변 농경지를 매입해 수질과 환경을 개선하고 습지보호지역 지정 등에 대한 행정적 타당성을 검토하는 것이 선결 과제이다. 잘 보전된 생태를 경제적 가치로 풀어내는 관련 지자체와 경남도의 지혜를 기대한다. 덧붙여 그린뉴딜 정책에 맞추어 중앙정부와도 긴밀한 정책협력을 제안할 때다. 4대강으로 파괴된 모래톱과 사라진 야생동식물이 다시 돌아오고 수질이 개선되는 효과가 기대된다. 강 주변 농경지도 조상들이 해왔던 비점오염이 없는 자연농법으로 생산한 농산물을 학교 급식과 공공기관 급식 등에 납품할 수 있다면 생태계도 살리고, 친환경 농업으로 소득도 증대시킬 수 있다. 이런 종합정책으로 우포늪과 주변 생태계를 복원하고 유기농업 등을 실천한다면, 시설 중심이 아닌 내용과 질 중심의 농업회복과 생태관광을 꾀할 수 있을 것이다.

코로나바이러스는 건강 위기가 아니라 정치적 위기

『사피엔스*Sapiens*』의 저자인 유발 하라리Yuval Noah Harari는 "코로나바이러스는 건강 위기가 아니라 정치적 위기"라고 말하고 있다. 그는 코로나19 확산을 막기 위해 우리가 내리는 결정들이 앞으로 우리가 살아갈 미래를 형성할 것이라고 내다봤다. 하라리는 중요한 것은 "국수주의 고립으로 이 위기에 맞설지 아니면 국제적인 협력과 연대를 통해 맞설지를 정하는 것이다"라고 말한다. 이제 해야 할 일은 우포늪처럼 잘 보전된 지역을 앞으로 어떻게 관리할 것이냐, 그리고 이런 곳들의 사회경제적 미래를 어떻게 설계할 것이냐다. 코로나 상황에서 우포늪을 찾아 새벽길을 걷는 이들이 늘고 있다. 새벽 4시 30분에 쪽지벌에서 아침 해를 기다리며 쓴 글 일부를 소개한다.

> "여명의 습지는 엄숙하다. 고요하다. 귀를 기울인다. 낮게 깔리는 황소개구리 소리는 수생식물의 아침을 깨운다. 그 소리는 울음이 아니다. 생명의 소리이다. 물 위에 떠있는 무수한 개구리밥이 흔들린다. 그 흔들림은 요동이다. 살기 위한 몸부림이다. 풀벌레들의 가냘픈 소리도 힘이 있다. 이곳

은 그들의 세상이니까. 왜가리가 난다. 수천 킬로미터를 날아온 왜가리의 날개는 피곤하지만 우아하다. 마치 늪지의 제왕인 듯 저공비행을 하며 존재감을 과시한다. 마침내 해가 뜬다. 늪지의 일출은 오케스트라이다. 물안개는 태양의 등장을 예고하며 살며시 모습을 감춘다. 푸르던 물빛은 보랏빛으로 바뀌더니 이내 주황색으로 바뀐다. 수면에 투영되는 구름의 빛깔도 시시각각 바뀐다. 습지가 깨어난다. 원시의 신비로움이 점차 현실로 바뀌는 순간이다. 늪지의 물고기를 잡아 생계를 이어가는 어부가 배를 저어 늪지 한가운데로 간다. 늪지는 그야말로 물 반 고기 반이다. 큰 붕어와 잉어가 새벽의 기운을 받아 솟구친다."

윗글에서도 나타나지만 우포늪 최고의 생태관광 자산은 봄, 가을 물안개 피어오르는 물길을 따라 어부들이 노를 젓고 펄떡펄떡 잉어들이 뛰어오르는 사이로 화왕산에서 솟아오르는 해를 바라보는 풍광이다. 이때 전국의 사진작가들이 모여들고, 청아한 따오기 울음소리를 들으며 우포늪 생명길을 걷는다. 신문사와 방송사에서 온 사람들과 해돋이와 해넘이를 함께하며 새벽길을 걷고 새소리를 듣고 비밀의 정원에서 우포늪의 신비를 보여 주었던 기억이 난다. 이처럼 방문객들에게 질 높은 해설을 비롯해 적절한 서비스를 제공하면서 우포늪을 재방문할 수 있도록 힘을 모은다면 지역경제에도 새로운 활력이 될 수 있을 것이다.

생태적 전환과 그린뉴딜

코로나19로 심화된 경제 위기 극복을 위해 정부는 지난 2020년 7월 14일에 '한국판 뉴딜 종합계획'을 발표했다. 정부는 코로나19로 인한 경제 위기와 함께 기후·환경위기를 극복하겠다며 그린뉴딜 8개 추진 과제를 발표했다. 이 8개 추진 과제는 공공시설 제로에너지화, 국토생태계 녹색복원, 깨끗하고 안전한 물 관리체계 구축, 신재생에너지 확산기반 구축, 에너지관리 효율화, 그린모빌리티 보급 확대, 녹색 선도기업 육성, 녹색혁신 기반 조성으로 구성되어 있는데, 이들은 에너지산업 중심으로 구성되어 있어 코로나19의 중요한 원인 중 하나라고 평가되는 생태계의 불균형 심화와 생물다양성 감소 등에 대한 대처 방안을 고려하지 않았다는 비판을 받아 왔다. 코로나19의 발생 원인에는 생태서식지 파괴와 생태 위기가 있지만, 원인과 처방이 따로 놀고 있는 셈이다.

우포늪의 사례는 코로나19 이후 그린뉴딜의 한 발전 모델이 될 수 있다. 우포늪은 람사르습지도시 인정 이후 행정에서도 다양한 실행계획을 세우고 있지만, 습지복원으로 기후위기에 대처하고 생물다양성을 증진하기 위한 그림이 아직 파편적이어서 보다 체계적인 정책과제를 구상할 필요가 있다. 창녕군과 경남도 그리고 환경부까지 협업해 따오기 야생방사 이후 10년 프로젝트를 새로운 지역발전의 모델로 만드는 것이 필요하다. 우포늪, 주남저수지 등 낙동강권역을 하나의 생태권역으로 연결해 자연유산 복원, 생태계 복원, 생물종 복원을 복합적으로 이루어 내는 야생공원을 건설해야 한다. 우포늪 습지는 지난 세월의 축적된 경험을 바탕으로 이런 새로운 모델로 도약할 준비가 되어 있다. 우포늪의 사례가 보여 주듯이 지역의 지속가능한 발전과 생태적 전환은 더 이상 미룰 수 있는 과제가 아니다. 코로나 이후의 사회를 준비하는 그린뉴딜에 생물다양성을 강조하는 새로운 지역의 발전계획과 생태서식지 보전방안이 포함되어야 할 것이다.

코로나 시대의 생태적 전환과 실천들

주윤정

코로나19가 드러낸 관계와 경계

나는 숨을 쉴 수 없다 I Can't Breathe
숨을 쉴 보편적 권리 The universal right to breathe

코로나19는 다양한 피해를 야기하지만 처음에는 폐에 생기는 질환으로 알려졌다. 코로나19의 대표적인 증상은 숨 쉬기 어려움이다. 한편 미국 인종폭력의 희생자 조지 플로이드 역시 사망 순간까지 "나는 숨을 쉴 수 없다"라는 말을 계속 외쳤다고 한다. 아프리카의 철학자 음벰베Achille Mbembe는 코로나19 상황에서 지구상의 모든 생물들이 깨끗한 공기를 향유하고, 건강하게 숨을 쉴 수 있어야 한다고 말한다.* 코로나19는 숨을 쉬는 생명체가 숨을 쉬지 못하게 되는 절박한 공통 상황의 곤경을 드러내는 듯하다. 모든 생명체는 숨 쉼을 통해 생명현상을 유지한다. 숨 쉬지 않는 생

* Mbembe, A, "The Universal Right to Breathe", (2020년 4월 13일 작성), Critical Inquiry, https://critinq.wordpress.com/2020/04/13/the-universal-right-to-breathe

명체/비생명체의 경계에 있는 바이러스가 숨 쉼의 곤경을 다차원적으로 드러내고 있다.

코로나19 상황은 우리가 그동안 인지하지 못하고 있던 여러 문제들을 수면 위로 떠오르게 했다. 새로이 드러나고 있는 관계와 경계를 다른 방식으로 인식하고 새로운 실천을 만들어 가는 것이 요구되는 상황이다. 방역의 차원만이 아니라 인권과 생태계 차원에서 다양한 문제들이 제기되고, 다차원적인 취약성vulnerability에 대응할 것이 요구되고 있다. 또한 재난 이후 사회는 엄청난 속도로 변화할 것으로 예상되기에 이 재난이 우리에게 새로운 길을 열어 주는 계기가 될 수도 있다. 이 글에서는 새로운 실천의 가능성과 방향에 대해 논의해 보고자 한다.

역사적으로 팬데믹이나 전쟁 같은 대규모의 재난은 사회가 변화하는 데 큰 영향을 미쳤다. 스페인 독감은 사회의학과 건강보장에 대한 근대적 관념을 형성했다.* 또한 복지국가의 건설은 제2차 세계대전의 상황 속에서 가능해졌다. '복지국가welfare state'란 말 자체가 '전쟁국가warfare state'와의 경쟁 속에서 등장했다.** 또한 전쟁으로 인해 전장으로 파견된 남성 노동력을 대체하기 위해 여성의 사회참여가 증가했으며, 전후 처리 과정에서 사회보장이 확대되었다. 현

* Whiting, K., "A science journalist explains how the Spanish flu changed the world"(2020년 4월 30일 작성), The World Economic Forum, https://www.weforum.org/agenda/2020/04/covid-19-how-spanish-flu-changed-world

** 정근식, 주윤정, 「사회사업에서 사회복지로: "복지" 개념과 제도의 변화」, 『사회와 역사』, 99, pp.5~41, 2013.

재 포스트 코로나에 대한 다양한 담론과 계획이 전 세계적인 각축을 벌이는 현상의 배후에는 이런 재난 이후의 역사적 경험들이 있다.

재난은 인류에게 엄청난 고통을 야기했지만 이후 재난에서 회복하는 과정에서 세계는 조금씩 이전의 문제들을 해결하고 공공의 토대를 마련해 갔다. 그래서 코로나19 팬데믹이라는 재난을 어떻게 견디어 내고 대응하느냐가 중요하다. 이것들이 이후 사회체제의 근간이 될 것이기 때문이다. 하지만 미국의 작가 나오미 클라인Naomi Klein이 이야기했듯이 재난을 매개로 기존의 이익을 공고히하고 탈취하려는 재난 자본주의가 작동할 가능성도 있다.* 코로나19로 인한 사회적 고통이 재난 자본주의의 사냥감이 될 것인지, 혹은 재난을 기초로 20세기 복지국가가 탄생했듯이 새로운 사회적 전환의 출발점이 될 것인지는 아직 미지수다.

현재 코로나19 이후의 뉴노멀에 대한 각계각층의 논의가 진행되고 있다. 한국정부는 비대면 의료를 필두로 디지털 뉴딜, 그린뉴딜을 동시에 강조하고 있다. 하지만 ICT, 디지털, 의료데이터라는 것은 누군가의 질병경험과 신체적 고통, 다시 말해 물질적 세계에 기반하고 있음을 기억해야 한다. 살아 있는 생명체가 없다면 디지털 언택트 환경과 데이터는 아직은 독자적으로 존재할 수 없다. 또한 한국의 그린뉴딜 정책에는 생명다양성 논의가 별로 보이지 않는다.

* 나오미 클라인, 『쇼크 독트린: 자본주의 재앙의 도래』, 김소희 옮김, 살림, 2008.

코로나19가 드러내고 있는 핵심적 교훈은 물질세계에 존재하는 생명의 취약성 그 자체인 반면, 이에 대한 대응은 기존의 질서를 강화하는 방식으로 이루어지고 있다.

한편 최근 소개되고 있는 해외의 연구 중에는 생태서식지를 보호해서 인수공통감염병이 인간 세계로 종간 전파되지 않게 예방하는 것이 효과적인 팬데믹 예방 방법이란 논의들도 있다. 근본적 문제에 대응하면 재난에 대한 대응 비용 역시 줄일 수 있다는 것이다. 어떤 측면에서 코로나19 팬데믹은 우리 사회 전반의 생태적 전환을 본격적으로 요청하고 있다고 볼 수 있다.

생명의 취약성과 공동의 대처

코로나19 이후 무엇보다도 생명의 취약성에 관심을 가질 필요가 있다. 코로나19 팬데믹은 인간의 취약성과 생명의 연약함을 드러내기에 생명life 자체에 대한 관심이 어느 때보다 필요하다. 유엔 등에서 발표하는 문건에서는 그 무엇보다 생명을 보호하는 것을 최우선의 가치로 둔다. 인공지능 같은 과학기술의 엄청난 발전에도 불구하고 우리는 질병 앞에서 여전히 연약한 존재임이 밝혀졌다. 바이러스는 누구에게나 공평하다고 하지만 전염병이 우리 사회의 불평등하고 취약한 부분에 더욱 가혹한 영향을 끼치는 것도 사실이다.

코로나 문제는 단순히 사람만의 문제가 아니라 생태적

취약성에서 드러나는 문제이다. 현재 등장하고 있는 감염병에는 대체로 인수공통감염병이 많다. 1980년대 이후 등장한 신종감염병의 75퍼센트 이상이 인수공통감염병이다. 대규모 축산 및 생태서식지 파괴로 인해 이런 현상은 가속화될 것으로 예측되고 있다. 인수공통감염병의 증가는 대규모 서식지의 파괴, 생태계의 파괴와 관련이 있다. 『인수공통 모든 전염병의 열쇠』의 저자 콰먼David Quammen은 말한다. "어떤 동물종이라도 새로운 숙주가 될 수 있지만, 호모 사피엔스인 경우가 가장 많다. 가장 자주, 가장 심하게 그들의 생태계를 침범하기 때문이다. 풍부한 기회를 제공하는 것은 바로 우리다."*

WHO는 기후변화가 인수공통감염병의 증가에 상당한 영향이 있다고 말한다.** 댐 건설이나 농지개간, 도시화, 산림황폐화 등 다양한 요인들이 전 세계의 자연 서식지를 파괴하고, 그로 인해 바이러스와 인간의 접촉 빈도가 높아지고 있다. 서식지 파괴, 탄소배출, 기후변화, 인수공통감염병이 모두 생태계에서는 연결되어 있다. 인류가 자연을 파괴해 개발한 곳에서는 인수공통감염병을 옮길 수 있는 동물 개체수가 2.5배 늘어난다고 한다.*** 자신들의 삶의 터전에서 쫓겨나 갈 데 없는 동물들은 인간과 접촉할 수밖에 없게

* 데이비드 콰먼, 『인수공통 모든 전염병의 열쇠』, 강병철 옮김, 꿈꿀자유, 2017.

** "WHO Climate change and infectious diseases", https://www.who.int/globalchange/publications/climatechangechap6.pdf

*** 이윤정, "야생 파괴된 농지·주거지 등...인수공통 전염병 동물 '급증'"(2020년 8월 7일 작성), 경향신문.

되고 이를 통해 인수공통감염병의 발생 위험 역시 증가한다. 위험을 자초하고 있는 것은 인간의 지나친 개발 욕심이다. 현재 지구의 생물체들은 지구 역사상 6번째 대멸종 위기에 처해 있으며, 20년 안에 육지 척추동물 중 500종 이상이 멸종될 것이라 한다.* 이 또한 인간의 서식지 파괴와 관련되어 있다.

많은 전염병 전문가는 코로나19의 2차 파도에 대한 경고와 더불어 '전염병 X'의 위험에 대해 경고한다. 지구생태계에는 수많은 바이러스가 존재하고 있는데, 급속한 개발의 여파로 동물과 생태계에 존재하던 바이러스가 인간에게 건너오는 빈도가 급속히 증가하고 있으며, 인간은 더 많은 팬데믹의 위험 앞에 놓였다. 빌 게이츠 역시 다음의 감염병은 이번 코로나19처럼 높은 전염력 그리고 코로나19보다 더 높은 치명률로 인류사회를 위협할 수 있다고 경고한다.

백신 개발이나 치료약 개발도 중요하지만 코로나19만이 아니라 이후 발생할 가능성이 높은 전염병 X에 대응하기 위해서는 보다 근본적으로 인수공통감염병의 증가에 대해 숙고하고 이에 대응할 방안을 모색해야 할 것이다. 우리는 다양한 차원에서 국제 규범 및 기구, 정치, 새로운 학문 방식 등을 고민해야 한다. 우선 코로나19로 인해 드러난 핵심적 문제들을 해결할 수 있는 새로운 개념과 제도를 고민할 필요가 있다. 보다 선진화된 ICT기술을 통해 감염원을

* "속도 더 빨라진 6번째 대멸종...육지 척추동물 515종 멸종 직면"(2020년 6월 2일 작성), 동아시아언스.

추적하는 데 그치지 않고 생태적 위기에 대한 적극적 대응에 나서야 할 것이다. 현재 많은 연구들은 팬데믹이 발생한 뒤 사후 대응을 하는 것보다 이를 생태적으로 사전 예방하는 것이 더 효과적이라고 지적한다.

우리는 첫째로 국제 인권규범 및 문제해결 방식에서 인권과 생태의 문제를 함께 고민하자고 제안한다. 인권규범과 생태규범을 함께 고민하는 자세가 필요하다. 뉴노멀을 논의하는 상황에서 인간과 인간 아닌 존재들과의 관계에 대해 새로운 규범적 논의를 만들어야 한다. 기존의 언어와 체계만으로 이 현상을 해석하고 분석할 수 없다. 우리에게는 새로운 개념이 필요하다. 예를 들어 인권규범에서 보장하는 깨끗한 공기에 대한 권리가 인간뿐만 아니라 이 지구에 거주하는 모든 생명체들이 향유해야 할 권리임을 자각하고 코로나19 팬데믹 이후를 준비해 보면 어떨까. 앞서 언급한 아프리카의 철학자 음벰베는 깨끗한 공기에 대한 보편적 권리를 논의하면서, 인간뿐만 아니라 지구상의 모든 생물체가 이런 권리를 갖고 있다고 말한다. 특히 코로나19 바이러스가 폐에 작용한다는 점을 지적하며, 지구상의 모든 생물들이 깨끗한 공기를 향유하고 건강하게 숨을 쉴 수 있어야 한다고 주장하고 있다.*

인간 아닌, 인간 너머 존재들의 권리와 문제를 인권-생태의 틀 속에서 고민해야 한다. 인간 너머의 권리more than

* Mbembe, A, "The Universal Right to Breathe", (2020년 4월 13일 작성), Critical Inquiry, https://critinq.wordpress.com/2020/04/13/the-universal-right-to-breathe

human rights가 국제인권규범 체제 내에서 고민될 필요가 있다. 이후 국제인권규범과 지속가능한 발전목표, 기후변화협약, 생물다양성협약의 융합은 중요한 인권-생태 영역의 과제가 될 것이다.

둘째로 인간 아닌 생명체, 자연의 권리를 권리장전에 기입하려는 노력에 주목해 본다. 에콰도르에는 '파차마마', 즉 '자연 어머니'의 권리가 헌법에 명문화되어 있기도 하다. 뉴질랜드에서는 강의 지위가 법인격legal personality을 갖게 되었다. 이런 사례들은 모두 소수민족의 자연관념이 법체계 안으로 들어온 경우이다. 실제 법적 효력이 어느 정도일지는 아직 불분명하지만 전 세계에서 자연과 인간 아닌 존재의 권리에 대한 논의가 지속되고 있다. 권리를 단순히 자격과 능력의 차원에서 인식하는 것이 아니라, 실제로 사회를 보호할 수 있는 장치로 인식하는 것이 중요하다.

셋째로 공중보건에서 원헬스의 흐름에 주목한다.* 단순히 환경오염에 대응하는 소극적 차원이 아니라 적극적 차원에서 생태와의 공존을 고민하는 것이 공중보건의 새로운 흐름 중 하나다. 인간의 질병을 다루는 국제기구로 세계보건기구WHO가 있다면, 동물감염병을 다루는 국제기구로 세계수역국OIE이 있다. 오늘날 OIE를 필두로 인간과 동물의 공존을 목표로 하는 공중보건 체계에 관한 논의들이 이어지는 중이다. 대표적인 것이 원헬스 원웰페어의 개념이다.

* "One Health Basics", https://www.cdc.gov/onehealth/basics/index.html

국제사회에서도 원헬스의 개념을 통해 건강의 문제에 접근하기 시작하고 있다. 원헬스란 인간-동물-환경이 하나의 관계망으로 연결되어 있으므로, 건강의 문제 역시 동물의 건강, 인간의 건강, 환경의 건강을 한데 묶어 인식하고 해결해야 한다는 관점이다. 한국에도 원헬스 논의가 적극적으로 소개되고 있으며 더 나아가 원웰페어, 즉 인간의 복지와 동물의 복지를 한 틀에서 사고하는 흐름도 등장했다. 의학에서는 이미 원헬스, 에코헬스, 행성의 건강planetary health 등 이러한 관점을 다양한 방식으로 개념화하고 체계화하려는 노력들이 진행 중이다. 아마도 코로나19 이후 방역체계에서는 인간의 질병과 동물의 질병을 공통으로 파악하고 대응하는 체계가 강화될 것이다.

또 이렇게 새로이 관계를 설정하고 종합적인 대응을 하는 과정에서 인간과 동물의 적절한 거리를 생각해 보아야 한다. 현대사회는 계몽의 방식으로 자연을 정복한 이후 자연을 낭만화하거나 애완의 대상으로 만들었다. 그리고 자연과 단절된 도시의 삶을 보충하기 위해 자연의 대리물들을 건설해 야생과의 접촉점들을 증가시켜 왔다. 야생동물을 사육하거나 야생동물 체험시설 등을 만드는 것이 대표적인 사례인데, 이런 접촉점들은 어떤 측면에서 인간과 동물 양자에게 감염의 위험을 증가시킨다. 자연을 낭만화하여 소유하려 하기보다 인간과 자연의 적절한 거리를 확보하는 방법을 고민해야 한다.

새로운 발전 방향과 실천들

우리는 어떻게 다른 취약한 생명에 대해 덜 잔인해지고, 덜 사악해지고, 무지를 가장하지 않고 책임감을 견지할 수 있을까? 다양한 생명체들 간의 이질성은 어떻게 공존할 수 있을까? 우리는 이런 고민에서부터 출발해 새로운 사회적 실천의 방향을 탐구해야 할 것이다. 자연에 대한 책임감을 바탕으로 사회적 실천을 모색하는 시도가 필요하다.

그렇다고 해서 이런 논의들이 자연을 절대시하거나 자연으로의 무조건적 복귀를 논하는 낭만적 태도가 되어서는 안 된다. 자연에 대한 열망과 낭만화는 어떻게 보면 자연으로부터 직접적인 위협을 받고 있지 않은 안전한 도시인들의 사치일 수도 있다. 코로나19로 봉쇄된 도시와 해변에 홍학, 돌고래, 산양 떼 등이 돌아와 자연이 회복되는 모습에 전 세계의 많은 사람들이 환호했다. 하지만 〈가디언〉의 칼럼니스트인 케넌 말릭Kenan Malik은 이런 이들은 자연의 위협에서 가장 자유롭고 안전한 이들이라 말한다. 가장 취약한 이들은 태풍, 자연재해 같은 자연의 위협에 노출된 저개발국가 사람들이며 이들은 코로나19에도 역시 가장 취약한 사람들이다. 자연은 보호해야 할 대상이기도 하지만 위협이기도 하기에, 인류는 자연을 극복하려 애쓰며 근대사회를 발전시켜 왔다. 그래서 저개발국가의 많은 사람들은 자연을 극복하고 자연으로부터 인공적인 도시의 삶을 획득하고자 한다. 결국 지속가능하고 적절한 발전과 자연과의 공존 사이의 균형을 맞추는 일이 앞으로 중요한 과제가 될 것이다.

우리의 생태적 전환과 실천은 단순히 자연으로 돌아가라고 말하는 낭만적이거나 목가적인 태도와는 다르다. 우리의 실천은 근대문명이 구축한 과학기술을 바탕으로 인간과 자연이 새롭게 공존하는 질서와 규범을 만들기 위한 노력이 될 것이다.

포스트 코로나 사회의 사회질서에 대한 논의에서 개발을 무조건 반대하는 것은 아니다. 우리는 다양한 생명체들이 함께 번성하며 인간과 공존하는 적정한 삶의 방식과 생태수용력을 고민하는 데서부터 출발해야 한다. 인간의 안전과 번성은 생태계와 공존할 때만 가능하다는 인식을 바탕으로 포스트코로나 사회의 청사진을 그려 보려면 어떤 준비가 필요할까? 우선 가장 취약한 인구집단, 그리고 다양한 지구 생명체의 관점과 문제로부터 코로나19 시대에 대한 고민을 시작해 보면 어떨까?

우리는 또 새로운 방향의 성장을 위해 성장의 주체와 이해관계자의 범위를 확장할 필요가 있다. 지구 생태계의 거주자는 인간만이 아니라는 인식 아래 다양한 생명체의 터전을 보장하는 것이 인간을 보호하는 최선의 대비책일 수 있다. 해양은 개발되어야 하는 자원만이 아니라 수많은 생명체들이 거주하는 삶의 터전이다. 우리는 돌고래, 그리고 크릴새우와 이 바다를 어떻게 사이좋게 나누어 쓸지 고민해야 한다. 최근 탈성장을 주장하는 학자들은 기존의 성장이 지속가능하지 않음을 지적하며 “경제체제의 중심에 생명을 위치시켜야 한다”고 말한다. 이렇게 생태적 전환을 구체적으로 실천하고 실행하며 생명을 중심으로 지속가능한 발전을 꾀하기 위해서는 무엇이 필요할까?

새로운 성장 전략의 한 사례로 유럽 연합의 그린 딜 전략이 있다. 여기에는 생물다양성이 중요한 어젠다로 포함되어 있다. 자연이 건강해지는 것은 인류의 신체적이고 정신적인 삶의 질을 높이기 위한 핵심 요소이며, 기후변화와 질병의 발생을 막는 핵심적 장치이다. 그린 딜은 파괴된 생태계를 복원하고 농업과 수산업을 지속가능하게 만드는 방향을 제시하며 이를 통한 일자리 창출 계획까지 세우고 있다. 법제도 개선, 생물다양성과 관련한 교육프로그램의 개발 및 교사 양성 등 다양한 차원의 실천들이 포함되는 것은 물론이다.

아마존 삼림파괴와 호주 산불, 유례 없는 대홍수 등으로 생태계 서식지 파괴와 기후변화가 더욱 가속화되고 있다. 그리고 이의 직간접적 영향으로 인류가 그동안 경험해보지 않았던 새로운 바이러스와 전염병 X를 경험할 가능성 역시 높아지고 있다. 많은 전문가들은 이를 예방하기 위한 최선의 행동은 서식지를 보호하고 생태와 공존하기 위해 적극적으로 노력하며 재난 상황에서 가장 취약한 집단을 적극적으로 돌보는 것이라고 주장한다. 현재의 코로나19 팬데믹이 나오미 클라인이 말하는 재난 자본주의의 사냥터가 될 것인지, 혹은 기존의 문제점을 근본적으로 해결하는 생태적 전환의 기점이 될 것인지는 지금부터의 고민과 준비에 달려 있다. 우리는 앞으로 사회와 정치에 생명이라는 주제를 적극적으로 포함함으로써 새로운 정치적, 실천적 어젠다를 구축해야 한다. 그리고 이 지구별의 공통 거주자들이 어떻게 함께 숨을 쉬어 나갈 수 있을지 생명의 공통 과제를 고민하기 시작해야 한다.

후기

관계와 경계에 대해 덧붙이기

정리: 주윤정

이 책은 네 차례의 웨비나를 통해 발표된 원고들을 모은 것이다. 코로나19로 인해 대면의 방식으로 모이기는 힘들었지만, 온라인을 통해 여러분들이 참여했다. 많은 분들이 다양한 질문을 해 주었는데 그중 대표적인 내용을 아래에 정리했다.

1. 인간과 야생동물의 접촉

인간과 동물의 접촉을 주제로 다룬 첫 번째 웨비나에서는 '동물과 접촉하려는 사람들의 욕구'가 증가하는 현상에 대한 질문이 제기되었다. 한 질문자가 현재 젊은이들을 중심으로 야생동물을 포함한 동물들과 접촉하고 싶어 하는 욕구가 크게 늘고 있는 것 같은데, 이런 욕구는 왜 생기는지, 그리고 이것이 친밀감·친근감과는 어떤 관련이 있는지 물었다.

이에 대해 동물복지 활동가인 이형주는 첫째, 접촉을 해도 되는 경우와 하지 말아야 하는 경우 및 동물 종/개체에 대한 정보와 인식이 부족하다는 문제. 둘째, 남들과 다른 특별한 경험을 하고자 하는 욕구를 갖고 이를 SNS에 올리고 싶어 하는 사람들이 있다는 문제. 셋째, 동물을 만지고 먹이를 주는 것을 '체험'이라는 방식으로 구성하는 데 따른 교육 과정의 문제가 있다고 말했다. 어떤 학교에서는 체험 동물원 방문을 출석으로 인정하는 경우도 있다고 한다. 어린이들과 동물의 접촉을 교육의 일환이라며 쉽게 생각하는 경향이 있는 것이다.

인류학자인 권헌익은 수렵사회인 시베리아에서 순록과 개 등의 동물이 사람과 거리를 유지하는 사례를 들면서, 전통적으로는 동물과 밀집해 사는 곳일수록 거리 유지를 중요하게 생각했음을 지적했다. 수렵사회의 사례를 보면 접촉 없이 친밀하게 살 수 있는 가능성을 엿볼 수 있다. 도시화된 공간 속에서는 생명과 조우하는 일이 적고 어쩌다 우연히 마주치다 보니 갈수록 접촉을 바라는 것이 아닌가 하는 의견이었다.

수의학자인 이항은 개를 절대 쓰다듬지 못하게 하는 인도 문화를 소개하며, 아마도 이는 광견병 때문인 것으로 추측된다고 말했다. 전통사회에서는 오래전부터 동물과의 거리두기를 터득했던 것으로 생각되며, 현대 도시에서 동물과 접촉하려는 경향은 문화적 영향 및 현대화와 관련이 있을 것이라는 의견이었다. 도시에서의 인간과 동물의 접촉을 새로운 방식으로 인식하고, 그에 따른 문제점을 의학적으로나 윤리적으로 살펴볼 필요가 있다고 하겠다.

2. 야생동물과의 공존

멧돼지와 인간의 공존을 다룬 생태학자 김산하의 발표에 대해 한 청중은 '멧돼지와 공존하는 독일 베를린의 사례가 인상 깊다'고 말했다. 그는 '홍콩도 시민단체가 비슷한 일을 추진하고 있고 덕분에 이유 없는 공포감이 사라지고 있다고 들었는데 이에 대해 더 자세히 알고 싶다'고 질문했다. 또한 이외에도 야생성의 개념에 대한 질문도 제기되었다.

김산하는 야생성이라는 것도 어떤 측면에서는 인간중심적인 방식의 구획이고, 가축화·길들이기domestication가 발생할 때 그에 대한 대자적 개념으로 등장한 것이라고 설명했다. 더불어 우리는 모두 지구 공통 생명 공동체의 일원임을 자각하는 것이 중요하다고도 말했다. 또한 김산하는 야생동물과 사람의 공존을 추구하는 활생rewilding에 대해 소개했다. 독일의 멧돼지 공존 사례처럼 민관이 함께 진행해야 작은 일부분이라도 변화할 수 있다며, 야생과 인간이 균형점을 찾아가는 노력을 강조했다.

그는 더 나아가 현재 생태계에서 인간은 물리적 공간을 넘어서 영향을 끼치는 우세종임을 인정해야 하기에, 인간이 생태계에서의 제 위치를 고민해야 한다고 말했다. 생태계의 영역은 종간의 거리두기가 전제되어 있다. 그래서 자연의 서식지는 일종의 다차원적 공용공간으로, 여러 세계가 중첩되어 존재한다. 하지만 인간은 이런 생태계의 공용공간을 지나치게 독점하는 측면이 있다. 그래서 이런 독점성에 대한 반성이 필요한데, 특히 코로나19 팬데믹은 인간에게 겸손해져야 할 필요성을 자각하게 하는 계기가 되고 있다.

3. 질병생태 연구와 인간의 질병

질병생태학에 대한 황주선의 발표 후, 영문학자인 이동신은 질병생태학이 인간 사회에서의 질병 연구와는 어떻게 다른지, 그리고 질병생태학과 인간 사회 질병 연구는 어떻게 연결되는지에 대해 질문했다. 야생상태에서의 발생과, 인간에게 종간 전파가 이루어진 이후의 양상은 다른 것이 아닌지를 묻는 질문이었다.

황주선은 질병생태학이란 생태학적 시각과 관점이 중요함을 논의하는 학문으로, 야생동물만 연구해야 하는 것은 아니라고 답변했다. 인간도 생태의 일부이고 인간들이 야생동물과 접촉하는 것도 생태적인 상호작용이기 때문에, 이것도 질병생태학의 한 사례로 보아야 한다는 얘기였다. 예를 들어 코로나19처럼 이미 야생동물의 역할 없이도 인간-인간끼리 전염이 활발하게 일어나는 경우에는 인간 세계에서의 의학적 논의가 중요할 수도 있다.

그럼에도 야생동물과 관련된 질병이 늘고 있는 이유는 말 그대로 야생동물에게서 유래하여 인간을 감염시킬 수 있는 질병이 늘어나고 있기 때문이다. 야생동물의 병원체가 어떻게 인간에게 건너오는지를 알려면 생태학적으로 접근하는 것이 중요한데, 이는 다시 말해 '인간-야생동물-생태학'의 접점을 찾는 것을 말한다. 직접 산에 가서 야생동물을 만나야만 접점이 생기는 것이 아니라, 서울의 집에서 아마존에서 수입한 저렴한 소고기를 먹으면서도 아마존에서 발생하는 야생동물-가축-인간과의 접촉 빈도 증가에 영향을 미칠 수 있다. 이런 접촉점이 증가하는 상황에 특정 병원체로 인한 질병이 등장하면 전 세계로 퍼지기는 쉽다.

대도시에서는 인간-야생동물 접점들이 상당히 많이 발생하는데, 여기엔 동물원, 야생동물카페, 직접 키우는 동물 등이 다수 포함된다. 이런 과정에서 인간은 자신이 동물이 갖고 있는 미생물과 계속 상호작용하고 있다는 자각을 할 필요가 있다. 예를 들어 내가 거북이를 키우지 않더라도, 거북이를 키우고 있는 사람과 악수를 했다면 거북이가 갖고 있는 미생물과 상호작용하게 되는 것임을 자각해야 하는 것이다. 질병에 대한 생태학적 접근은 이 연결점을 고민하는 데서 출발한다고 할 수 있다.

한 청중은 황주선에게 질병생태학과 지구온난화의 관계를 질문했다. 황주선은 지구온난화의 영향이 어떤 종에게, 어떤 방식으로 발생할지는 정확하지 않다고 했다. 예를 들어 남극 빙하가 녹고 있는데 그 빙하 속에 있던 미생물과 기생충이 남하하여 온난화 기후대에 살고 있는 동물에게 어떤 형태로 영향을 미칠지, 혹은 인간에게는 어떤 영향을 줄지 불확실하기에, 매우 확장된 방식의 질병생태학적 접근이 필요하다는 것이다.

4. 지구적 생태정치와 지역적 생태정치

네 번째 웨비나에서는 다양한 생태정치의 영역과 문제들을 살펴보았다. 본 책에는 원고가 포함되지 않았지만 정치학자 박명림은 지구적 생태정치의 필요성에 대해 언급했다.

박명림은 현시대가 일종의 문명사적 전환점이 되고 있다고 주장했다. 특히 기존의 평화에 대한 논의틀이 '국가 대 국가' 구도였다면 이제는 인간과 자연과의 문제가 더욱 심각하기에, 지금의 항구 재난 시대에서의 인간평화와 지구평화의 관건은 국제평화·세계평화에서 생명평화·생태평화·행성평화로 이전하고 있다고 진단했다.

권헌익은 이러한 지구적 차원의 행성평화가 생태운동가 이인식이 지역에서 벌이는 '로컬 운동'과 어떻게 결합할 수 있을지에 대해 질문했다. 박명림은 지구살림 운동은 거창한 게 아니라 '내'가 할 수 있는 게 무엇일까 생각하는 것이라면서, 결국 내 생명을 살리는 일이 지구를 살리는 일이 될 수 있지 않겠느냐고 답변했다. 또한 덧붙여서 박명림은 지금의 탄소배출과 기후위기 및 생태계 파괴와 보존에 관한 문제로 과거 2000년간 거의 겪어 보지 못한 생존과 멸망 사이의 갈림길에 처해 있음에도, 우리나라 정치권 및 행정부의 환경-생태 감수성과 인식은 갈 길이 먼 것 같다고 지적했다. 현재 정부에서 추진 중인 그린뉴딜에는 생태 위기에 대한 핵심적 문제의식이 부족하다는 진단이었다. 그는 덧붙여 자연의 회복을 지나치게 성급하게 추진하지 말고 장기적인 관점을 가지고 회복을 설계하려는 노력이 필요하다고 말했다.

이동신은 발표자들에게 이러한 생태적인 문제들은 대체로 도시 및 도시화로 인해 생기는데, 각 지역에서 이루어지는 국지적 보호 활동이 어떻게 도시화로 인한 문제를 해결할 수 있을지 질문했다. 각 지역에서 진정성을 갖고 대책과 보호 활동을 펼치더라도 도시의 변화가 없다면 얼마나 성공할 수 있을지 의문을 제기한 것이다. 도시의 소비 속도가 생태를 보존하려는 노력의 속도를 추월하는 문제를 지적하며 지금 여러 로컬 운동들이 도시화로 인해 발생한 문제들에 어떻게 해석·적용되는지, 또 앞으로는 어떻게 작용할지를 묻는 질문이었다.

과학사회학자인 김기흥은 인류세Anthropocene, 인류자살anthropocide이란 문제가 제기되는 것은 우리가 지금까지 살아왔던 방식 — 성장 중심적이고 발전 중심적인 방식 — 때문인데, 이것이 어떻게 지속가능한 발전과 연계될 수 있는지, 그리고 지속가능성 내에 탈성장의 비전은 있는지를 지역생태연구자인 박선영에게 질문했다.

온라인으로 참여한 한 청중은 지역의 생태보존 사례에 대해 질문했다. 우포늪이나 순천만처럼 보전지역으로 지정되던 당시에는 지역민들의 큰 반대에 부딪쳤지만 현재는 지역 경제와 연결되어 민심이 우호적으로 변화한 사례를 들면서, 정치인들이 철학을 가지고 환경 정책을 추진하면 정책 성공과 지속 발전의 가능성이 있는 것 같다고 말했다. 더불어 사례로 제시된 창원시의 경우, 최초로 공영자전거를 설치하고 람사르총회와 UNCCD 등 환경 총회를 유치한 성공담이 있기에, 이러한 환경 정책 추진에 긍정적인 가능성이 있다고도 말했다.

지역에서 생태적 지역개발을 설계하고 있는 박선영은 지역에서는 지구가 몸살을 앓고 있음이 확연히 느껴진다면서 기후변화로 인해 변이Fluctuation가 심해져서 어민들이 고민하고 있다고 전했다. 코로나 시대에 완도 지역에서 일하면서 더욱 근본적인 삶의 변화, 소비 방식과 생산의 변화를 이끌어야겠다고 생각하게 되었음을 이야기했다.

박선영은 특히 갈수록 심각해지는 태양광 발전 설비의 폐해를 지적했다. 지역에 태양광 발전 설비가 들어서고 있는데, 지역 생태계와 충돌하는 사례가 많다는 것이다. 또한 서울이나 광주 같은 대도시에서 쓰는 에너지가 완도의 자연을 파괴하고 있기에, 대도시와 지역의 연결성을 인식하는 것이 필요하다고 말했다. 박선영은 도시에서도 점차 대안적 소비 운동처럼 도시의 생활 방식을 바꾸려는 시도가 늘고 있다고 말하며, 도시에서도 텃밭을 일구거나 도시 내 생태계를 보호하는 등의 실천이 가능하기에 도시에 사는 사람들 역시 자연과의 공존과 자연에 대한 책임을 고민하는 것이 중요하다는 의견으로 말을 맺었다.

네 차례의 웨비나를 통해 코로나 시대의 인간과 동물의 관계와 경계에 대한 다양한 문제들을 논의하고 토론했다. 모든 문제를 다룰 수는 없었지만, 그중 제기된 핵심적인 이야기들을 짧은 후기에 담았다. 결국은 자연에서 인간의 독점적 위치를 자각하고, 인간-동물 관계의 연결성을 인식하여 이에 대한 책임 있는 실천을 통해 관계를 재구성해야 한다는 결론에 도달했다. 인간-동물관계, 생태, 사회, 경제, 정치, 문화 모든 영역의 얽힘entanglement에 대해 우리는 다른 관점으로 새롭게 생각하고 책임 있는 실천을 모색해야 할 것이다.